Aljer Ereú

Guasdualito en viejos tiempos

Aljer Ereú

Guasdualito en viejos tiempos

El eco de un pueblo bueno

JustFiction Edition

Imprint

Cover image: Que ha proveído el autor

Publisher:
JustFiction! Edition
is a trademark of
Dodo Books Indian Ocean Ltd., member of the OmniScriptum S.R.L Publishing group
str. A.Russo 15, of. 61, Chisinau-2068, Republic of Moldova Europe
Printed at: see last page
ISBN: 978-620-3-57663-4

GUASDUALITO EN VIEJOS TIEMPOS

ALJER EREÚ

CONTENIDO

Pág.

PROLOGO	4
AGRADECIMIENTOS Y DEDICATORIA	5
PRESENTACIÓN	6
LAS RETRETAS	7
EL GAMERO, PARTE DE SU HISTORIA	12
EL CANEY	22
PLOMO, MACHETE Y SANGRE	27
EL BARRIO MORRONES	39
HOSPITAL JOSE ANTONIO PÀEZ	47
LA PESA	51
LAS PULPERÌAS	54
NOCHES, LUCES Y ROCOLAS	63
EL CINE	67
TIEMPOS DE SERENATEROS	72
EL PERIODISMO IMPRESO	75
LOCHAS Y AREPITAS DULCES	79
LAS INDUSTRIAS EN GUASDUALITO	81
EL CAMINO GANADERO	88
EL COLEO	94
NUESTROS BARBEROS	97
AQUELLOS TEMPLETES	102
LA CALLE REAL	105
NUESTROS CARNAVALES	109
PICHINCHA	114

COLEGIO SANTA ROSA DE LIMA………………………………………………………117
BIBLIOGRAFIA…………………………………………………………………………120

PROLOGO

Elubia Escobar.-

Muy honrada me siento por el hecho que nuestro talentoso poeta Aljer "Chino" Ereù en su sencillez que conozco en profundidad, me haya encomendado que le escriba espontáneamente el prólogo de su nuevo proyecto titulado "Guadualito en Tiempos Viejos". Nuevamente este buen hijo de nuestro pueblo en su prontitud creadora nos presenta en su característico lenguaje escrito un texto sumamente interesante sobre nuestro pasado lejano y contemporáneo, tomándonos de las manos para transportarnos al pueblo que emigró con los años, pero que desde la marcha del tiempo nos llama con su eco nostálgico pidiendo no ser relegado. Ameno y entretenido resulta el nuevo libro dedicado a nuestra tierra, impregnado de acontecimientos ocurridos y casi olvidados que, éste miembro de varias sociedades literarias y orgullo guasdualiteño presenta a consideración de los lectores, logrando sin complejidades una valiosa y razonada recopilación histórica, por lo que con sumo agrado recomiendo su lectura.

Francisco Padilla Gilly.-

Referirme al Chino Ereù es hacer mención a un entreverado de escritor, poeta e investigador en constante innovación, su sentida pertenencia telúrica, así como el arraigo a sus raíces, lo mantienen en ocupación intelectual productiva, en una esforzada odisea casi épica de no dejar morir el corpóreo pasado de nuestro pueblo. Durante un buen tiempo he podido conocerlo, llegando a estar convencido que este literato nuestro tiene su senda escrita más allá de nuestras fronteras, a quien La Providencia Divina le fijara tiempo y rumbo, méritos y reconocimientos los tiene a granel para representarnos en el mundo de las letras. En ese orden, puedo afirmar con total propiedad y conocimiento del caso, que el libro Guasdualito en Tiempos Viejos, es un texto de obligada lectura para aquellos que sienten y valoran realmente su terruño, por lo que en agrado accedí a prologar el proyecto, agradeciendo en mi condición de su amigo y paisano el noble gesto de hacerme participe del mismo.

AGRADECIMIENTO

A Elohim Yahvé, Dios Eterno, Dios de Abraham, de Isaac y de Jacob, por permitirme la vida para cristalizar esta obra.

A mis amigos Ulises Febres, Alex Guzmán, Irag Galeano y Piero Hidalgo, por su valiosa amistad y humanismo.

DEDICATORIA

A mi pueblo Guasdualito

PRESENTACION

Apreciado lector, quizás nunca pueda agradecerle personalmente el hecho de estar leyendo estas líneas, lo que sí puedo hacer es manifestarle mi agradecimiento desde la distancia, esperando que este comedido pero significativo libro de mi autoría titulado " Guasdualito en Viejos Tiempos " sea de su total agrado, aclarándole que no se trata de un riguroso ensamblaje académico con fines de créditos, lo que a la postre resultaría tedioso y aburrido a la oftálmica lectora, sino el resultado de mis inquietudes investigativas, poéticas y literarias, en retribución al bucólico lar de sonde soy nativo, movido por mi alto sentido de pertenencia e identidad con mi tierra alto apureña, la que he llevado insertada dentro mi espíritu rizomático desde mi primer uso de razón en esta vida física.

En el libro se efectúa un recorrido de sucesos históricos contemporáneos locales, aquí considero importante mencionar que la fase de investigación y recopilación se sustenta en fidedignas fuentes bibliográficas y orales; de allí vendrían horas de lecturas, visitas a sitios históricos, entrevistas a personajes testigos de la contemporaneidad de Guasdualito, llevándome a concluir que no toda la historia recién de nuestro pueblo estaba plasmada en letra imprenta, por ello se incluyen acontecimientos que marcaron huella en nuestro pasado patrimonial y, de los que poco se conoce, no queriendo decir con esto que el contenido aquí presentado haya sido todo lo que se tenía que escribir, pues la historia se vive y forja cada día, por eso seguro estoy que, en un corto plazo vendrán nuevos escribanos que aportaran aún más al rescate de nuestra memoria histórica especifica. De tal forma respetado leyente, que la mayor satisfacción para quien esto escribe, es que usted en su periplo o navegación lectora por las páginas a continuación sea el juez principal en el dictamen inequívoco sobre la calidad de este libro, que fortuitamente llegó a sus manos. Sea cual fuere su veredicto mi sincero deseo es que en algo, hoy o mañana le resulte útil, y lo conserve en los arcanos tránsitos del cronos.

LAS RETRETAS EN GUASDUALITO

Serenateros don Telèsforo Lara (clarinete) David Socadagui (guitarra).
Foto cortesía: familia Lara.

Lograste musa dorada
que le reescribiera a mi pueblo.
Y quise escribir contigo
estando uno del otro lejos,
o fue que quisimos los dos
retroceder en el tiempo,
añorando las retretas
que ponían en tiempos viejos...

PROEMIO.-

Cuantiosos recuerdos y nostalgias nos atropellan al evocar la etérea cadencia de años que marcharon sin despedidas, siendo reminiscencias que rompen el cristal algente del presente, dejando a un lado la obsidiana de los guijos furtivos, haciéndonos fijar nuestras oftálmicas mentales en la limerencia acendrada de las dulces épocas, las cuales zarparon hacia la undívaga Oceanía ínsula del pasado, quedando como alternativa obligada: la sirga de la remembranza para así volver a vivir lo que vivimos, a lo que dejamos de vivir viviendo. Esa es la razón de nuestra pretensión de ocuparnos en la generosidad del tiempo a la investigación, escritura y ensamblaje de nuestra contemporaneidad, colocando nuestro granito de arena en la restauración de nuestra complexa identidad, teniendo en consideración que estas invocaciones son los cordeles umbilicales que nos mantiene unido a nuestra esencia histórica guasdualiteña. Una mañana de Marzo con los susurros de Calíope, de la acuciante recóndita vino a nuestra inquieta memoria los espectáculos de las añejas retretas interpretadas por virtuosos músicos que durante varias décadas con la armonía de sus notas alegraban los jueves, domingos y las fechas conmemorativas en la Plaza Bolívar y la Placita Páez, en una época cuando las diversiones en al aún sosegado Guasdualito eran muy pocas pero muy sanas, época catequizada en ciclos inmemoriales, que ahora recordamos y confinamos desde el balconcillo de la magnánima ceremonial.

ETIMOLOGIA Y CONCEPTO.-

Antes de ahondar en la temática de las representaciones musicales conocidas como retretas, se hace necesaria una ligera indagación para tener claridad sobre sus orígenes. En este sentido, según la Real Academia Española, la locución viene a ser de origen franco, derivada de "retraite", en español: retirada, y para el uso: referida a un toque de corneta que ordenaba la vuelta de una tropa, así como el regreso de los soldados al fortín. No obstante, el barbarismo sudamericano en su extendida lingüística conceptualiza el término para describir una fiesta nocturna o vespertina en la cual una banda militar, o de cualquier otra institución, recorre las calles ofreciendo una pieza musical o concierto al aire libre, habitualmente en asientos públicos, parques y paseos. La segunda concepción es la más acoplada a la cuotidiana serenata instrumental ejecutada por virtuosos filarmónicos locales, que dejarían su estampa armoniosa en las graderías mentales de varias generaciones de guasdualiteños.

EL ESCENARIO.-

Arribaría la cuarta década del siglo XX en el Guasdualito aldeano de retículas de tierra, con la mayoría de sus casas de bahareque, con techo de palma y lámparas de carburo, siendo sus principales elementos lucrativos: una actividad ganadera pujante, debido a las ventajas geográficas (piedemonte andino) proyectada por la pesarosa ruta de recuas que implicaba el cruce a la Selva de San Camilo, con un oferta comercial impulsada por comerciantes italianos, árabes y barineses visionarios, que pintarrajeaban en el enclave matices de avance, además de esto, se contaba con un comercio fluvial a cargo de los steam boat (barco de chapaletas) de la Compañía Anónima Venezolana de Navegación (CAVN) que jugaba un papel de gran importancia económica. En cuanto al elemento cultural: el cine de Los Carpios ubicado por la avenida Miranda con cruce a la carrera Sucre, era una de las pocas diversiones extra cotidianas en el poblado al sur occidente del estado Apure, y es después de una función matinal en esta sala de proyección, al culminar la cinta El Rebelde, protagonizada por el charro Jorge Negrete, que en su papel del bandido Juan Manuel Mendoza, al interpretar con su portentosa voz la icónica canción " ¡Ay Jalisco no te rajes! obra singulares emociones entre los asistentes a la función febrerina, entre los espectadores se encontraba el estimable y bien perpetuado Víctor Borjas, venido de la población de Arauca, junto a un par de amigos: don Arcadio Torres y el maestro Aguedo López, con quien compartía la afición musical, a los que animadamente días después les plantea la creación de una agrupación empírica con la finalidad de interpretar el repertorio cañonero de antaño.

INICIO Y AUGE.-

La propuesta de Borjas es bien oída y mejor recibida por sus cófrades musicales, a la idea se unirían meses después los consanguíneos Socadagui, todos ellos filarmónicos versátiles que sin ser académicos dominaban en amplitud considerable partituras de complejas ejecuciones. En abril de 1946 inician los ensayos alternando los puntos de encuentro para tal fin, inicialmente el ensamble estaría formado por: Víctor Borjas (director), Aguedo López (trombón), David Socadagui (guitarra), su hermano Carlos y Pedro Carpio (cuatro), don Telesforo Lara y Víctor Socadagui (clarinetes), Arcadio Torres y Marcos Socadagui (violines). El 16 de Julio del mismo año en asamblea ordinaria número 35 el honorable Ayuntamiento Municipal aprueba por unanimidad la creación de la Retreta Municipal de Guasdualito, a partir de la fecha en casi todas las actividades culturales y cívicas la presencia de los retreteros se hizo acostumbrada; su calidad, responsabilidad, profesionalismo, presencia, buen repertorio y respeto al público que asistía a verlos y oírlos hizo de la agrupación un icono cultural desde sus comienzos.

En una época que era otra época la hermandad antañera de Guasdualito representaba el entretenimiento obligado y bien apreciado tanto por los mayores como por los jóvenes y niños que ascendieron en un pueblo que era otro pueblo. En los espacios de La Plaza Bolívar los días jueves una nutrida concurrencia disfrutaba a plenitud las interpretaciones de aquellos buenos músicos y dignos hombres, brindándoles calurosos aplausos luego de cada pieza musical, llegados los domingos luego de los servicios religiosos en la iglesia Nuestra Señora del Carmen, lo continuo era rodear en círculo a los retreteros o ubicarse en los viejos bancos de la Placita Páez, para oír gustosamente aquellas canciones con sabor venezolano como Carmen La que contaba 16 años, entre otras cantilenas inmortales. El programa para la retreta mostraba un repertorio dividido en dos partes; una primera actuación: donde se interpretaban piezas famosas, luego había un descanso y ese tiempo del intermedio era aprovechado por los músicos y el público para saludar a sus amistades; posteriormente, se ejecutaba la segunda parte de la retreta compuesta por piezas de autores venezolanos. La música interpretada en las retretas eliminaba las fronteras entre la música clásica y la popular. Volviendo al descanso del repertorio, el mismo era aprovechado por los asistentes para socializar, y para los niños lo correspondiente eran sus barquillas y cotufas, compradas en las cercanías de la plazoleta. Las veladas cerraban con broche de oro con la zarzuela Alma Llanera del maestro Elías Gutiérrez, sonada composición considerada como nuestro segundo Himno Nacional.

A medida que pasaban los años se fueron incorporando nuevas caras a la agrupación de viento, cuerdas y percusión, llegando a contarse dieciocho músicos en su seno. Con el tiempo entraría en el armónium el extrovertido y multifacético José Sánchez a encargarse de la ejecución del bombo, al ser observado su talento por el director de la agrupación, éste le observaría a su padre: "el niño José será quien nos toque el tambor", años después el mencionado sería nombrado director al fallecimiento de don Telesforo Lara, a Sánchez lo recordamos de forma amena, porque además de pertenecer a la generación fundadora de la retreta, ha sido el mejor tamborista gaitero guasdualiteño, cuya aptitud y vocación musical heredada en sus genes lo hizo dedicarse a la música popular desde una edad muy temprana, pudieron nuestros fanales infantiles observarlo en varias navidades en muchas presentaciones y en la parte trasera de la camioneta del profesor Alirio Lamuño repartiendo serenatas gaiteras por donde fuera solicitada la canción zuliana, su especial y único repique en el tambor le imprimía a la gaita un particular sello guasdualiteño, es nuestra apreciación particular que a José por mérito y justicia debiera de hacérsele un homenaje público, siendo él el único integrante con vida de aquella constelación de músicos precursores, a quien jamás se le ha reconocido abiertamente su contribución a la construcción del patrimonio cultural nuestro.

CREPÚSCULO.-

En las dos últimas décadas de la centuria caducada las retretas se negaban a desaparecer de sus escenarios habituales, generaciones de relevo y buenos ejecutantes eran los encargados de mantener viva la tradicional comparsa armónica, por méritos se tienen que mencionar a: Elmer Venegas (cuatro), José Gregorio García (guitarra) al igual que José Leal, Johnny Suarez (bandola) quienes junto a Manuel Ernesto Ávila, Carlos Padilla Sánchez, entre otros, vivieron el lánguido ocaso de esta hermosa manifestación musical que dejó un profundo vacío en las noches argentas guasdualiteñas, siendo necesario por el bien de nuestra identidad rescatarla en el futuro cercano y declararla bien patrimonial, para el sano disfrute de locales y visitantes, tal y como nuestra generación y otras anteriores las disfrutábamos sin rémoras en aquellos sosegados días, en la apacibilidad del Guasdualito bueno, nuestro amado pueblo.

EL GAMERO
PARTE DE SU HISTORIA

Palafitos de El Gamero, año 1972, foto cortesía: Exer Fulco

Versos de Juan José Grieco Laporta, escritos en 1945:

El Gamero con sus gentes
con sus lanchas y curiaras
con sus bongos de paneta
y sus balsas conuqueras
hechas con madera y guafa
que llegaban bien repletas,
con topocho, yuca y plátanos,
y las traían los vegueros,
que lograban la cosecha
con el sudor del trabajo.
Por eso si me preguntan
a donde tengo mi casa

alzo la frente y contesto
con un orgullo de casta:
En Guasdualito de Apure,
puerto de la tierra llana
ese es mi pueblo que quiero
un pueblo de fuerte raza.

BREVE INTRODUCIÒN.-

En continuidad con la sección Guasdualito y sus barrios, se presenta en los párrafos posteriores un ajustado resumen sobre el primer fragmento territorial fundado en el pueblo nuevo, conocido como Barrio El Gamero. Agradeciendo la colaboración de algunos de sus habitantes que llenos de orgullo y pertenencia trasmitieron a este escribiente valiosa información oral, la cual se confrontó con la documentación investigada y analizada, para así estructurar de forma organizada los aspectos más relevantes del populoso e histórico barrio. Se aclara que no es la pretensión que lo reflejado en la reseña sea lo total y único, ya vendrán en un corto plazo nuevos cronistas e historiadores, que movidos por el espíritu alentador de la identidad telúrica, efectuen nuevos aportes que enriquezcan aún más nuestra cultura histórica, mientras tanto cumplimos con el llamado de la musa dorada Clío, dejando que sus bisbiseos nos orienten en la tarea propuesta de escribirle a nuestro terruño mientras el Dios Eterno y Único lo permita.

ASPECTO HISTORICO.-

El Gamero, populoso barrio del Guasdualito nuevo, cuya historia ancestral ha sido testimoniada a lo largo de las centurias por las aguas turbias del tributario Sarare, siendo merecedora de indagación y estudio para la preservación en el horizonte temporal de su particular gentilicio e idiosincrasia. Respecto al ámbito histórico, por obligatoriedad se tiene que recurrir a los aspectos inaugurales de nuestro pueblo para tener claridad y objetividad sobre la conformación progresiva de dicho sector. En este sentido, los registros históricos señalan como evento fundacional el año de 1771, sin embargo, suposiciones retraen el acto a 1770, sin quitarle méritos a José Ignacio del Pumar y Traspuesto, Marqués de la Rivera de

Bocono y Masparro, Vizconde del Pumar, siendo el preclaro barines quien daría estructura y conformación valida al poblado colonial, excuadrando la primera plaza, señalando el lugar de construcción de la iglesia y procediendo a la concesión de solares a las dignas cepas que lo acompañaban en el acaecimiento, dándole organización estatutaria al nuevo asentamiento. Cabe destacar que la fundación de Guasdualito entraría tarde a los registros históricos, teniendo en cuenta que desde la llegada de los colonizadores habían transcurridos casi trescientos años.

MUDANZA AL PUERTO.-

De la fundación del primer Guasdualito pasarían cincuenta años para que se iniciara un éxodo lento de los pobladores precursores, obligados por la guerra de independencia, lo insalubre y cenagoso del entorno, las pestes recurrentes, entre otras calamidades, a emigrar hacia el Puerto de Periquera (procedente de las aves psitaciformes). Observamos entonces que serían dos pueblos los que nacen entre la séptima década del siglo XVIII y las primeras décadas del siglo XIX. Sin miramiento seria la decisión de la mayoría de aquellos habitantes, encontrarían a pocos metros de la confluencia de los ríos Sarare y Apure, un mejor sitio para habitar y cultivar, así como la ventaja de aprovechar el turbio caudal como medio fluvial. En esto tomaría parte el honorable Concejo Municipal de 1834, poniendo en ejecútese la Resolución de 1831, en la cual se emplazaba el traslado de la ciudad de Guasdualito a orillas del río Sarare, en el lugar que orientaba la autoridad, y en donde se alentaba a los habitantes de los poblados a conformar uno solo, con el objeto de darle estructura a una nueva parroquia, lo que ciertamente sucedió. Lo anterior puede corroborarse en La Intendencia del Ejército y Real Hacienda, perteneciente el documento al Archivo General de Las Indias en Sevilla (Esp) del cual extraemos (tal y como fue manuscrito) unas interesantes líneas: “consta que con superior permisión en el año de mil y setecientos y setenta, en que ejercía el empleo de teniente de gobernador …con superior aprobación y permiso allanó y pacificó el sitio de Guasdualito, jurisdicción de esta ciudad, distante de ella cerca de cuatro días de camino, lugar que se hallaba desierto, solitario e inhabitable, por ser el centro, abrigo y madriguera de indios bárbaros y por ello de gravísimo riesgo para los transitantes…(sic).

ORIGEN DEL NOMBRE.-

Aspecto prestado para varias conjeturas debido a rubricas estampadas con difícil probatoria. Una de las hipótesis más conocidas es que la toponimia de la barriada viene a ser porque en el sector habitó una familia Gámez; versión corroborada a nuestros oídos por varias personas de avanzada edad del barrio, quienes aseguran que de la capital de la republica llegaría una alcurnia con el referido patronímico, estableciendo su morada campestre en las cercanías del afluente, esta versión proviniendo directamente de fontana oral es aceptada para fines históricos, a pesar que en nuestra exhaustiva investigación censal entre 1930-1940 no encontramos por ningún lado el registro ni poblacional ni comercial de alguna persona con tal apellido; consultado el poeta Dante Fontana sobre esta apreciación, señaló: "de venir el gentilicio por la alcuña Gámez, lo definido seria "gamecero. Ante la duda quedó para el autor de esta publicación la indagación genealógica que permitiera atar los cabos sueltos respecto al punto.

La segunda hipótesis en cuestión resulta igualmente de consideración y atención, esta refiere que la bautismal deriva de un hispánico acompañante del fundador de Guasdualito, la presunción pareciera entrelazar al verídico origen. En un detenido rastreo heráldico en la documentación del Instituto de Historia y Heráldica Familiar (Esp), encontramos que el apellido Gamero es de origen vasco derivado de los antiguos cazadores de gamos, su escudo es: "En campo de plata un gamo bajo un árbol de sinople superado de un lucero; el apellido se extendería por Palma del Río (Córdoba) y en Jerez de la Frontera (Cádiz)".

Profundizando al respecto, apoyado en los índices heráldicos de los siglos XV-XVI, y por crónicas de historiadores de la época podríamos afirmar que este escudo u otro muy similar a él, surgió en la campaña del rey Sancho VII, en 1215, formando parte de las tropas que conquistaron varias localidades valencianas y, que el pontífice Honorio III reconoció su mayorazgo en 1216. Ahora bien, retrocediendo a 1770 al sur occidente del estado Apure, con el Vizconde del Pumar vendría en la travesía colonizadora don Francisco de Gamero, de noble estirpe, y en parentela con los Gamero de la provincia española de Valencia, quien en su afán exploratorio y autorizado por don José Ignacio abriría meses después senda en la espesa fronda tropical hasta llegar a la orilla del imponente río bautizado como Sarare

(Darari) nombre indígena derivado de la palma de seje, muy común en las adyacencias. Don Francisco de Gamero establecería su feudo a trescientos metros de la margen derecha, que sería una hacienda de caña sudamericana con algunas reses y recua caballar, allí se quedaría, laboraría con esfuerzo y allí quedarían sus restos mortales sembrados en la fértil tierra pero sobre inundada zona. En otra revisión, en los archivos del Ministerio de Obras Públicas, con fecha de 1939, capitulo X, referente a Guasdualito, se señala: "consta a margen derecha un lote de terrenos perteneciente en otrora a un comisionado fundacional, otorgado en herencia a sus sucesores…p.45". Atendiendo a estos fundamentos nos atrevemos a afirmar y respetando las teorías y folklorismos populares, que el origen real del barrio viene de este inquieto explorador, cuyo apellido se extendería a las siguientes generaciones con el tránsito de los años a distintas regiones del país, en vínculo directo con la familia establecida a principio de la segunda década del siglo XX en el sector.

POBLAMIENTO.-

El poblamiento tanto del nuevo Guasdualito como de lo que empezó a conocerse como El Gamero tendría su arranque progresivo a partir del siglo XX. En torno a esta afirmación el anacoreta y erudito presbítero Daniel Delgado, en su testimonio escrito titulado "Excursiones por Casanare" estamparía lo siguiente: "el pueblo es uno de los más importante del Alto Apure, tanto en el aspecto histórico como cultural, las casas de construcción ligera, techados con palma o con zinc, calles donde se observan las cercas, empalizadas y mangas de bambú o alambre de púas, lo que delataba la presencia del ganado suelto, pero no había iglesia ni sacerdote…" (Delgado, 1909-111). Mientras la anterior descripción era el panorama observado en las cuatros calles iniciales, a escasos cien metros de las barrancas del lioso y portentoso fluvial nacido en El Páramo El Almozadero, conocido como Sarare, aparecerían las primeras casas sostenidas en pilares o estacas afincadas (palafitos) cuyos constructores suponemos llegarían en algún barco de chapaletas de la Compañía Venezolana de Navegación (CAVN) siendo conocedores en amplitud de la arquitectura palafitica, técnica cuyo origen se ubica en la época meso india, abarcando el periodo intuido entre el 5.000 y el 1.000 ac, según la ciencia antropológica.

PRIMERAS FAMILIAS Y OTROS ASPECTOS.-

Con la entrada del tercer decenio del siglo XX dignas prosapias se fueron estableciendo en el puerto y sus cercanías, originarias unas y otras venidas de otras latitudes, dándole identidad propia al originario gamereño, entre los apellidos predecesores están los: Merchán, Linares, Mora, Izquierdo, Quintero, Tortolero, González, Contreras, Galìndez, Chávez, Camacho, Arroyo, Veliz, Novoa, Caballero, Pereira, Rivero, Pantoja, Baldallo, Mejías, Gómez, López, Rico, Mejías, Lugo, Colmenares, Valero, Cabriles, Venegas y muchos más raleas que se radicarían en el sector, expandiendo sus renuevos generacionales sus patronímicos, religando con otras estirpes el abolengo gamereño. En cuanto al crecimiento del barrio, el punto de inicio es la calle principal, antiguo terraplén que desde los inicios de la centuria fue transitado por carreteros y cargadores en mula, comisionados por acaudalados comerciantes a la descarga de las mercancías y suministros de los barcos de vapor que llegaban vía fluvial desde ciudad Bolívar y la capital del estado Apure. A las costas gamereñas atracaban en temporada invernal aquellas modernas embarcaciones de la época surcando las arterias fluviales de la orinoquia venezolana, para suministrar al pueblito campestre de lo necesario para el comercio y sustento, el retintín de sus estruendosos silbatos escuchados en la lejanía era el anuncio de días feriales, ya anclados en la hondonada el panorama se mostraba dinámico y alentador.

BATALLA DE GUASDUALITO DE 1921.-

Llegaría el 19 Junio de 1921, la fecha quedaría grabada para siempre en la memoria de los habitantes de Guasdualito, como uno de los días más sangrientos de su historia. Tropas revolucionarias comandadas por el doctor Roberto Vargas (a) "El Tuerto" (comandante en jefe), secundado por Fermín Toro (jefe de estado mayor), general Emilio Arévalo Cedeño (jefe de la primera división), general Pedro Pérez Delgado (jefe del batallón Aramendi) entre otros, intentarían sin éxito tomar la plaza de Guasdualito la cual estaba defendida por 270 hombres apertrechados en el Cuartel Militar (hoy Casa de Gobierno) comandados los mismos por los oficiales gomecistas: general Benicio Giménez, coronel Antonio Pulgar y coronel Jesús Antonio Ramírez, veteranos militares que sin pestañeos ni titubeos ordenaron a sus hombres defender el cuartel a costa de sus vidas. Treinta y seis horas de plomo limpio con los Winchesters 30-30, y el continuo relampagueo de los machetes Collins, fueron más que suficiente para inundar las cuatro calles del pastoril y apacible pueblo con el purpuro liquido humano, líquido vital que la tierra adoquinada y humedecida por el invierno mezclaba con el légamo sin menosprecio alguno. Respecto al enfrentamiento el letrado Dante Fontana en su texto 33 Horas, relata un hecho para consideración muy vinculado a El Gamero, leamos:

> "Por El Gamero entró el general Salvano de Jesús Uzcategui con un pequeño grupo de soldados procedentes de Puerto Nutrias, a reforzar al gobierno en la batalla de 1921. En las cercanías de ese barrio tuvo lugar una escaramuza con fuerzas de Maisanta, de la que salió bastante afectado, pues perdió tropas, caballos y armamentos. (C.XXV, El Refuerzo de Uzcategui, p: 103, 104, 105). (Fin de cita).

Terminaría la cruenta lucha con la retirada de los insurgentes a las Sabanas del Caimán entre diatribas y culpas, el excelso poeta palmariteño Alexis Heredia Orozco perpetuaría el hecho en un estremecedor poema titulado: La Guerra de Maisanta, haciendo mención a la acción en las adyacencias gamereñas.

CRECIMIENTO DEL BARRIO.-

Llegarían los años 50, pronto cesaría el comercio fluvial, en 1952 se observaría por última vez en amarre a orillas del Sarare el vapor Arauca, trayendo desde ciudad Bolívar componentes de los motores principales del nuevo Acueducto que surtiría del vital líquido a la población. A finales de la década el puerto con escalinatas de argamasa empezaría su metamorfosis, ya en los 60 y 70 aparecieran subdivisiones en el barrio, que expandirían hacia los cardinales este y oeste la superficie poblada. Barrio Loco (designado por su crecimiento desordeno), La Pica, Barrio Bueno, Los Almendros, El Malecón, serian algunos de las fracciones territoriales que surgirían en forma espontánea, por no decir sin ningún ordenamiento ni planificación, impulsadas por la migración excesiva y descontrolada que promovió la habitabilidad de espacios de condiciones riesgosas, lo que hace en la actualidad muy necesario una planificación urbana que norme legalmente la no proliferación de más asentamiento a fin de evitar pérdidas tanto humanas como económicas a sus habitantes.

EL PUENTE 19 DE ABRIL.-

Viejo puente de El Gamero
sobre el caño Periquera,

te venían en la rivera
la chenchena y el bonguero.
Allí fue a pescar luceros
Juancito sin la Lujuria,
allí asomaría la espuria
la crueldad de su destino,
allí El Escritor Peregrino
soñó fábulas de incuria.

Puente 19 de Abril, pontón de concreto extendido sobre El Caño Periquera, seria edificado en el año 1977 durante la gestión estatal de Elías Castro Correa. Su antecedente sería un rustico armazón de madera ensamblado por la pericia de Bernardino Vivas. Unión de un pueblo y su puerto, su envés ha sido deponente del paso de narras acuáticas escritas desde tiempos remotos. Al caño Periquera llegaban en verano los bongos de carga liviana contentivos de mercancías y alimentos, además de insumos para labores agrícolas. Al llegar las lluvias y con el crecimiento de borde a borde del Sarare, los vapores de menor peso y mejor maniobra como El Amparo y Arauca atracaban por el conducto o brazo de río, cuya profundidad permitía con facilidad la navegación y anclaje de las embarcaciones de la CAVN. Es importante mencionar que debido a lo hondo y bajo nivel de cota, algunos de aquellos precursores optaron por cimentar sus casas de habitación de dos plantas físicas para resguardo y no perder las ventajas que ofrecía la navegación fluvial; como testigos silentes de aquella época, aún observamos la vieja casa de tablas de Antonio Grieco y la antigua quinta (remodelada) Las Camelias de don Daniel García, meritorios personajes que contribuyeron con hechos al desarrollo y bienestar del Guasdualito nuevo.

ALGUNOS DE SUS PERSONAJES.-

Referirse a El Gamero es describir a un gentilicio de gente honesta y trabajadora, anhelante de progreso y desarrollo. Como trabajadores y dignos fueron aquellos hombres y mujeres que se asentaron en sus predios laborando todas sus vidas con honestidad y tesón, levantando a sus familias con buenos principios y valores, quedando su ejemplo integro a las nuevas generaciones de gamereños. Casi para finalizar la reseña, sería injusto no mencionar a una mínima parte de aquellos meritorios personajes fundadores del barrio, pidiendo disculpas a los descendientes de otros por escaparse de nuestra memoria nombres y apellidos valiosos, indudablemente todos merecedores de gratitud y el buen recuerdo, podemos mencionar a: Arturo Merchán, Basilia y Ovidio Izquierdo, Alejandro Quintero, Paula Mora, Benicio Gonzales (comerciante), Leonarda Altuve (lechera) Aureliano Arroyo, Pedro (quien fuera prefecto de La Trinidad de Orichuna) y Francisco Tortolero, Vicenta Contreras, don Félix Pereira, Simón Rivero, Martha Veliz, Pancho Pantoja, Víctor y Ernesto Gómez, Ezequías (de quien pronto publicaremos) y Esdras Arroyo, Exel Mora (La Birrea), Noé Valbuena, don Marcos Mejías, Joel Arroyo (ingeniero forestal), Rosa Franco (lechera) Ezequías Valero (El pequeño de gran corazón), el recordado Luz Armando Lugo (Burro chingo) y muchos más, siendo igualmente justo mencionar entre las nuevas generaciones a Joel Alfilio Velázquez, cantante de música llanera con larga trayectoria en defensa del folklor venezolano, igual mención a Yerliane Moreno, extraordinaria jugadora de balompié, miembro de la selección nacional femenina, quien hace historia allende de su país, dejando en grande a su pueblo y barriada. Lo anterior grafiado es en parte la memoria histórica de El Gamero, primer barrio fidedigno de nuestro pueblo, con su propio gentilicio e identidad, con un gran potencial humano y natural a la espera del anhelado desarrollo. Para terminar, con cariño insondable dedico este sencillo soneto a su gente:

SONETO GAMEREÑO ©

¿Embrión de la familia Gámez
o será el gen de Francisco Gamero?
pero ¿de ellos quien llego primero?
es un criterio para que el misterio clame.
Un Nilo turbio catequizado Sarare,
mi pueblo un Egipto en dual dimensión,
una pequeña Venecia de otro Colón,
con casas ácueas que toleraban pilares.
En el Gamero hace años había palafitos

que habitaban raleas por el correntío,
púnico puerto que tiene Guasdualito.
Neolíticas betoyas del indio en sus ríos
heredadas al llanero y a un pueblo bendito,
parajuanos diseños en natural desafío.

"EL CANEY"
LOCAL EMBLEMÀTICO DE GUASDUALITO

A El Caney de Jesús María
también le escribo su historia,
esa que está en la memoria
del pueblo, medio dormía.
Amaneció llorando el día
como lloviendo añoranzas,
goteadas de las bonanzas
de aquellos tiempos fastuosos,
de espectáculos famosos
que se traen en remembranzas.

BREVE INTRODUCCIÒN.-

Cuando se trata de ensamblar la contemporaneidad colindante de los pueblos, por obligatoriedad no deben soslayarse aspectos, particularidades y elementos que significativamente simbolizan una personificación tangible de la identidad y el gentilicio propio, para así comprender en consideración nuestra evolución socio cultural. En observancia a lo anterior, se presenta en los párrafos sucesivos una somera rúbrica sobre el recordado establecimiento El Caney, indudablemente el principal centro social familiar de Guasdualito durante treinta y dos años, local que marcó pauta en cuanto a la actividad nocturna en nuestro pueblo, siendo carta de referencia para otros clubes y tascas, debido a su excelente atención y presentación de grandes espectáculos aún recordados por varias generaciones, siendo a lo largo de su ejercicio una empresa bien gerenciada que prestó eficientemente sus servicios de distracción, logrando sus objetivos y metas en cuanto al disfrute social de los guasdualiteños y visitantes.

EL CANEY.-

Es por inquietud emprendedora del Señor de los Escenarios: el poeta guasdualiteño Jesús María Escobar Fulco, por brindarle a su pueblo un lugar de esparcimiento agradable, que se constituye el 26 de septiembre de 1971, la empresa social conocida como Cervecería Restaurant El Caney, ubicándose por la carrera Páez Nº 22, intersección con esquina de la calle Vásquez, convirtiéndose desde sus inicios en el mejor establecimiento de la localidad. En la fecha anteriormente señalada, el sitio con ambiente familiar abre sus puertas al público, contando con licencia comercial para el servicio gastronómico, expendio de licores y la presentación de artistas nacionales e internacionales. El diseño interno seria bien estudiado y acondicionado en apego a lo autóctono, sus empleados pioneros serian: el poeta Aldo Márquez (mesonero) luego se incorporarían a esta labor Euclides Contreras (Perico) y Nicanor Salas, mientras que el chino William Chang (experto chef traído de la ciudad colombiana Cúcuta) se ocuparía con esmero del restaurant, un menú llanero y ejecutivo fue el enganche inmediato para los ansiosos comensales que acudían con entusiasmo al novedoso centro social, allí fueron asiduos visitantes el personal tripulante de la línea Aeropostal, así como de otros organismos e instituciones públicas y privadas, nos comenta la catira Elubia

Escobar que la primera rocola o gramola sería una modelo Rowe Americana, cuya bandeja disquera fue la más actualizada de la época, seria vendida por el señor Ailee Arana, la canción inaugural seria Odio y Amor, en la versión de José "Catire" Carpio, en la misma sinfonola se escucharía por primera vez en Periquera la famosa canción Laguna Vieja, interpreta por Reynaldo Armas, repletándose su depósito de moneda entre los días hábiles y los fines de semana.

En cuanto a la contraparte folclórica, tanto su propietario como sus gerentes Elubia y Elide Escobar (hermanas) Rafael Isseles e Hildemaro Duran (cuñados) se esmeraron con gran éxito en brindar excelentes espectáculos criollos, presentando en tarima a cantantes y artistas de renombre de los cuales podemos recordar a: Simón Díaz, traído gracias a las gestiones de Aurora Díaz de Sánchez, Lucy de Espaciani (para entonces presidenta de La Cruz Roja) y Soledad García, en actividad pro fondo de la institución benéfica, sobre el autor de Caballo Viejo, Rafael Iselles, recuerda lo siguiente: "se trae a Simón Díaz, y se le hospeda en casa de mi tía, resulta que en una salida se pierde, y mi tío Orlando y una comitiva empezaron a buscarlo por varias partes hasta encontrarlo en la Plaza Bolivar sentado en una banca, cantando a capela sus éxitos, rodeado de una muchedumbre que lo aplaudía con entusiasmo y agradecimiento". Otros intérpretes que hicieron presencia fueron: el cumanés Enrique Rivas (ganador del premio Estrella de Oro de Venezuela con la canción Puerto Escondido), El Catire Carpio, Teresita Vegas, Luis Silva, también con su anécdota: siendo prácticamente un desconocido en el ámbito musical llegaría a las instalaciones de El Caney con un disco de 45 RPM, preguntando por el dueño para ofrecerle el acetato promocional, Jesús María acepta la entrega y oye el tema, lo incluye en el cancionero de la rocola, la canción Rio Seco se convierte en toda una sensación, sonando constantemente, en vista de ello contrata al nobel interprete quien le cobra cinco (5) bolívares, el lleno es total, años después siendo ya un consagrado cantante del pentagrama llanero lo llama y le pregunta si está disponible para una contratación, la respuestas del barinés fue: si estoy, y te cobro los mismos cinco bolívares de aquella época, en correspondencia a tu apoyo en mis inicios. Así mismo deleitaron con sus voces: Oswaldo Bracho, Arístides Díaz, Rafael Cadenas, Nelson Laya (autor de Llanerisima) Nancy Galván, José Laya, Rafael Gudiño, Isleyer Márquez, Gregorio Ortiz, los hermanos Mujica, las hermanas Ortiz (hijas del negro Ortiz) y una cantidad considerable de expositores de la canta criolla tanto locales como nacionales que ganaron con sus recios talentos los efusivos aplausos de los concurrentes nocturnos, además llegarían a presentarse ejecutantes de música romántica en la definición del teclado, provenientes de la ciudad marquesa. Quedaría pendiente la presentación de Reynaldo Armas, quien por cierto llegaría una madrugada al local proveniente de Colombia emparrandado con su grupo, en vista de ya estar cerrado el centro se sentaría en una de las aceras, entonado solicito en compra un botella de Old Parr, para luego dedicarle varios temas de su repertorio a quienes se regresaron al oír el trino del ya famoso Cardenal Sabanero.

En búsqueda de la excelencia, el polifacético Jesús María conviene en crear un reservado tipo tasca dentro del ya célebre local, pone amplio empeño en la decoración de la misma, él mismo se dirige a la ciudad de Caracas a realizar un curso avanzando de cocteleria y preparación de licores, ya de regreso arranca el apartado que de inmediato se convirtió en el rincón predilecto de clientes fijos y regulares. Van pasando en carrera vertiginosa los años y, El Caney se consolida como el sitio predilecto con ambiente familiar de Guasdualito, siendo factores claves: la atención esmerada, el buen servicio y el buen espectáculo, llamativo y concurrido lo fue siempre, a las afueras por su frontal y laterales era normal observar estacionados automóviles, motos, bicicletas, hasta caballos y burros con sus áperos, un local muy popular donde locales y foráneos encontraban el lugar más adecuado y entretenido para compartir horas amenas en compañía de familiares y amistades. La misma Elubia Escobar aporta al respecto: "El Caney tuvo mucha preferencia porque fue un sitio familiar de excelente atención, el mobiliario funcionó con 45 mesas y una anécdota muy buena, el señor Exel Labanchy apartó por mucho tiempo la mesa número 19, nadie podía ocupar esa mesa, fue uno de los clientes número uno, recuerdo bien que al presentarse los artistas los llenos eran totales, con anticipación se reservaban las mesas, debido a la mucha afluencia. (Fin de referencia). Otra guasdualiteña, la corraleña Soledad García refiere lo siguiente: "fue un excelente sitio, céntrico y cercano, la atención de Jesús María realmente era incomparable, las fiestas de carnaval y de los 24 de diciembre eran espectaculares e inolvidables, otros tiempos primo, otras personas". La negra Ligia Granados Salas, llegada a Guasdualito en 1983, vecina del sitio, con observada nostalgia nos refirió en una fría mañana de Abril: "fue y será lo mejor en cuanto a locales de espectáculos, tiempos hermosos que recuerdo de mi segundo pueblo".

En lo particular, en las oportunidades de visitar a nuestro Guasdualito en temporadas vacacionales, por ser un ejecutante de instrumentos criollos, era El Caney nuestro sitio obligado para disfrutar del arpa, cuatro y maracas, en su estrado principal vieron nuestros ojos a excelentes arpistas, por mencionar algunos: Edgar Pérez, Chencho Zambrano, José Archila y Pantaleón Laya, además de presenciar al negro Benigno Silva con sus recias ejecuciones en la bandola llanera, siendo uno de los animadores más perdurable Andrés Eloy Márquez. Inequívocamente podemos considerar al otrora emblemático centro como nuestro perenne templo de música llanera, una escuela armoniosa que pulió músicos y cantantes del patio que más tarde se abrieron paso en diferentes escenarios nacionales e incluso internacionales. Ya en sus últimos años El Caney se disponía con tristeza a cerrar sus puertas de forma definitiva, cambiaron los tiempos, a finales del año 1996 Jesús María decide clausurar con congoja su local, aquel sitio predilecto y representativo con su regio ambiente y decorado vernáculo, con su pared identificatoria con los hierros de los ganaderos, que signaba: "Apure, llano mostrenco", emigraba para nunca volver, ya aquel poeta guasdualiteño no repartiría en los diciembres próximos aquellas franelas, agendas, almanaques, cajas de fósforos y vasos con el logo: "El Caney llanero no es cualquier vaina", icono que llegaría a pasearse en una lujosa camioneta por una ciudad del norte, se nos marchó aquel local, luego se marchó su dueño, volvimos nosotros y hoy vuelven los recuerdos.

PLOMO, MACHETE Y SANGRE

EL SUCESO DEL 19 DE JUNIO DE 1921

Oficiales de la Guarnición de Guasdualito durante la celebración del 5 de julio de 1933. De izquierda a derecha : Radiotelegrafista Luis R Damiani, subteniente Arnoldo Lozada, teniente José Eulogio Piñero, capitán José Teófilo Cañas, general Jesús Antonio Ramírez, teniente Ovidio Sarmiento, subteniente Jesús María Cesar, subteniente practicante Pedro A. Goos. Foto cortesía de Luis Damiani,

Amo y señor era Gómez y en Apure Pérez Soto,
el prefecto del pueblito era un tal Santos Padilla.
Pueblito de cuatro calles, no quiero perder la rima.
Las casas de bahareque las poquiticas que había,
las calles eran barriales que daban a la rodilla.
Una iglesia, un botiquín, un cuartel y pulpería,
un terraplén para el río era lo que se veía.
El pueblito era tranquilo nada malo sucedía,
los vapores atracaban por la noche o por el día,
Cuando llegaban los barcos se formaba un alboroto;
se cambiaba mercancía, suministros por corotos.

BREVE EXORDIO.-

La fecha 19 de Junio de 1921 permanecerá estampada para siempre en la cédula histórica del gentilicio guasdualiteño. Tropas revolucionarias comandadas por el doctor Roberto Vargas (a) "El Tuerto" (comandante en jefe), secundado por Fermín Toro (jefe de estado mayor), general Emilio Arévalo Cedeño (jefe de la primera división), general Pedro Pérez Delgado (jefe del batallón Aramendi) entre otros épicos, intentarían sin éxito tomar la plaza del poblado, la cual estaba defendida por 270 hombres bien apertrechados en el Cuartel Militar (hoy Casa de Gobierno) comandados los mismos por los oficiales gomecistas: general Benicio Giménez, coronel Antonio Pulgar y general Jesús Antonio Ramírez, veteranos militares que sin pestañeos ni titubeos ordenaron a sus hombres defender el cuartel a costa de sus vidas. Treinta y seis horas de plomo limpio con los Winchesters 30-30 y el continuo centelleo de los machetes Collins, fueron más que suficiente para inundar las cuatro calles de tierra del pastoril y apacible pueblo con la hemoglobina humana.

EL SUCESO.-

Aquella mañana dominguera del 19 junio de 1921 el pueblito de cuatro calles fangosas anclado a la margen derecha del tributario Sarare despertaría sin cantos de gallos, pero si con una caterva de zamuros que cabrioleaban en el cielo nublado al compás silencioso del infortunio. Por la vieja Calle Real lentamente se fueron abriendo las puertas y portones de madera que chirriaban temerosas, como deseosas de volver al encierro invernal, el día anterior una extraña figura parecida a una ave gigante se había posado por varios minutos en la cruz del campanario de la rustica y vieja iglesia, para unos el hecho pasaría desapercibido pero para otros era el presagio de un mal porvenir, y no se equivocarían, algo oscuro y lúgubre cargaba esa amanecida. Pasadas las primeras horas vespertinas de aquel día litúrgico, el monaguillo Ramón Zambrano por orden del presbítero Contreras subió a la torrecilla a sonar campanas, como anuncio y llamado al servicio religioso. A los pocos minutos en andar apresurado pasaban las señoras y muchachas vestidas con impecables atuendos incluyendo los abanicos de pavo real para atenuar rítmicamente el calor del recinto. Mientras, a las 08: 00 am, en el viejo cuartel con paredes de adobe construido en 1910, el general Benicio

Giménez, viejo castrense yaracuyano obediente e incondicional a la causa del general Gómez pasaba revista a la tropa, en la jefatura civil el general barines Jesús Antonio Ramírez con sus setenta y tantos años, pero con la dureza de un roble hacia lo mismo, ausente del recinto militar se encontraban el coronel Antonio Paredes Pulgar, y el jefe civil coronel Ramón E. Peña, a quienes se esperaban en horas de la mañana proveniente de la vecina población Arauca (Col). Al llegar se entrevistarían a puerta cerrada en el acantonamiento, la razón: amonestación a los centinelas por el no acatamiento de orden superior, estos vigilantes no realizarían como era habitual la ronda nocturna en los contornos del poblado, esta falla costaría sangre y vida. A las 8.15 am por las cercanías de las sabanas de La Miel, Misael Gallardo, campesino afecto al gobierno avizora un campamento y banderolas alusivas al movimiento de alzados en armas liderados por Roberto Vargas, ingeniero, caudillo militar y político, apodado El Tuerto, y el general guariqueño Emilio Arévalo Cedeño, el mismo que meses atrás en enero de 1921 había asaltado a San Fernando de Atabapo (Amaz) fusilando en plaza pública al terrible Tomas Funes, la osadía de Baldayo le valdría un plomazo en la garganta de los tiradores revolucionarios. Un día antes la sublevación que pregonaba: ¡Viva la Libertad! ¡Muera el Tirano Gómez! había cortado las líneas del telégrafo, logrando incomunicar totalmente al poblado.

Por el paso de La Manga, caballo y machete en mano
entraría Pérez Delgado dirigiendo a La Sagrada,
un escuadrón del infierno, la muerte traían pintada.
¡Maisanta que son bastantes! Y siguieron las palabras:
"el que quiera se regresa y el que no plomo pa´ lante,
el que quiera se regresa, me lo descabezan antes".
No crea que soy un farsante que tergiversa la historia,
eso me decía Caropres, no me falla la memoria,
pregúntele a José Fulco el pariente de Carmelo,
abría su carnicería cuando reventaba el duelo.

El tiempo empezó a correr de forma vertiginosa, en el pulpito el cura Contreras en singular homilía citaba la lucha entre David y Goliat ubicada en el libro de Samuel, por la Calle Real don José Fulco descendiente directo de los venidos de la vieja Italia se dispondría abrir su carnicería, barriendo como tenia de costumbre el frente de su negocio, mientras hacia el oficio conversaba en un confuso italiano con su coetáneo Pascual Panza, dueño de una surtida pulpería por la misma corredera, inocentes los dos, así como el resto de los habitantes del infierno que se avecinaba. Oldman Botello en el texto Guasdualito navegación por su historia, sobre el suceso señala: "la tropa gubernamental estaba desprevenida. No esperaban el ataque, los encargados de recorrer las sabanas permanecían en el cuartel, la carnicería seria espantosa" (1988:83).

Lo sucesivo. A las 9 am fue la entrada del caudillo de Ospino el general Pedro Pérez Delgado, el llamado Maisanta, por el puente 19 de diciembre, a la cabeza el batallón Aramendi, tomando por sorpresa a parte de la tropa gobiernera que aprovechaba la hora para bañar sus monturas y lavar vestiduras, allí iba el otrora jovenzuelo de La Mata Carmelera, como poseído por el espíritu de Keres, guiando a espectros carnales al Hades, arengándolos con su infernal grito: ¡El que quiera se regresa y si no plomo pa`lante! Testigos del hecho como Pascual Panza y Pedro Becerra afirmaban que de los 120 hombres de su escuadrón solo quedarían 17, la escena era de terror, plomo, machete y decapitaciones, una carnicería humana se iniciaba, la atmósfera se tornó más oscura debido a la pólvora quemada de los rifles Winchester, muertos de parte y parte empezaron a colmar las calles. Sin faltarle valor a ambos bandos arreciaron el enfrentamiento, los comandados por Pérez Delgado llevaron la peor parte, explicada por la forma desordenada del ataque, a él mismo casi le cuesta la vida su terquedad y obstinación, en una reacción, viéndose disminuido envía a uno de su sagrada solicitando al Tuerto Vargas, quien se hallaba en Los Corrales con los generales Paris, Arévalo Cedeño y Parra Pacheco, refuerzos para seguir el combate y obligar al enemigo a replegarse en el cuartel, como ayuda le dispusieron una compañía al mando de Isaías Bello, de la guardia del propio Vargas, complementada con parte del batallón "Pío Gil", al mando del capitán Carrillo, aquello no era para ganar la refriega, más bien para calmar la sed de sangre del caudillo, en el trayecto aflorarían las discordias esparcidas, el capitán Augusto

Riobueno desertaría inesperadamente, en vista de ello Maisanta ordenaría cargar con lo que se pudiera hacia el cuartel.

Por Morrones Diego Arria metió su caballería,
traían una algarabía: que viviera El Tuerto Vargas,
la población se encerraba evitando así la muerte,
los infantes inocentes se metían bajo las camas,
y las mujeres al suelo todititas asustadas,
atacadas por el miedo oraciones recitaban.

La refriega agarraba ardor, por orden expresa del general Fermín Toro (jefe el estado mayor de los alzados) entra por Morrones el doctor y general merideño Ricardo Arria Ruiz al frente de la brigada Páez, a su paso va sembrando de cuerpos mutilados la entrada principal que bordeaba el caño, al oír la plomacera y los gritos de las personas el párroco Contreras suspende el oficio y pide a los concurrentes echarse al suelo; el coronel Luis Felipe Hernández acompañado del capitán Marcos Porras disponen dirigirse al viejo puente, allí los esperaban los gomecistas en un destacamento provisional, más plomo, machete y muertos al caño, los enardecidos insurgentes vitoreaban loas revolucionarias, el ataque sorpresa daba sus frutos momentáneos. Una vez eliminado el frente por orden del mismo Arria la tropa asaltante se dirige al acantonamiento, allí estaban atrincherados los jefes militares y sus escuadrones, superados ampliamente en número, 800 hombres contra 270, no era por así decirlo una conchita de mango, ese 19 de junio estaba bajo el cielo de Periquera lo mejor de aquella insurgencia, pero desmembrada por rencillas internas y ambiciones personales. A pocos metros de llegar al fortín una bala certera da en el pecho del general Arria, el desconcierto en el batallón no se hizo esperar, como pudieron cortaron objetivo a los tiradores ocultándose en un cruce de calle, cargando en hombros dos soldados al bravo médico militar que ordeno seguir avanzado, casi desangrándose lo introducen en la casa de la familia Lara, posándolo en una mecedora, al enterarse el boticario Silverio Agüero de inmediato prepara su botiquín con medicina e instrumentos de primeros auxilios, él uno y el otro eran farmaceutas de profesión y se profesaban estima y afecto, al salir de su casa por la Calle Real en la encrucijada de las casas del italiano Guarino y del coronel Natalio Matute, una bala que vino de una trinchera gomera cercana y no de Pedro Becerra, como han escrito varios calígrafos, impacta en la cabeza del herbolario ocasionándole la muerte de forma instantánea, fue una perdida muy sentida para los habitantes debido a que el fallecido era la mano munificente y sanadora de aquella ya diezmada población. Mejor suerte correría el general Arria, a la mañana siguiente fue llevado a la población vecina de Arauca, en donde lo atendería el prominente galeno Pérez Hoyos, salvando milagrosamente su vida.

Eran varios generales cada cual con sus soldados,
había uno de bigotes, de estatura era pequeño,
al que todos respetaban, Emilio Arévalo Cedeño.
Ese entro por Los Corrales con un grupo de insurrectos,
carajo que plomazón, la gente corría pa´ el templo.

Enardecido e impaciente el general Emilio Arévalo Cedeño al fin entraría en acción, el gritador de Cazorla, el siete por siete, llamado así por las siete invasiones fracasadas que llevó a cabo con el objeto de tumbar al régimen. Con lo que restaba de la primera división entraría por Los Corrales vociferando su célebre baladro. Se detendría por unos minutos en el puente de madera ubicado en la cercanía en donde hoy se encuentra La Estación de la familia Padilla Hurtado, al costado derecho observaría la tumba del coronel legalista Candelario Rubio, caído en el enfrentamiento de 1914 junto al general Valentín Pérez "El Espaletao", bajando de su montura le prometería a la memoria del difunto salir victorioso en la toma del cuartel, pero eso estaba por verse. Con la ausencia del doctor Vargas el pueblo estaba tomado en su totalidad por los insurgentes, con sangre y fuego fueron arrinconados los defensores del gobierno en el cuartel, muertos por todas partes, empezaba la hediondez a cargar el aire, inequívocamente el día y las horas más sangrientas en la historia de Guasdualito. Una breve llovizna brindó una pausa a la contienda, al cesar la misma, otro aguacero pero de plomo sulfuroso retomó su ventisca. Los del cuartel no daban tregua, su ideal por encima de todo incluyendo sus propias vidas era defender al general Gómez, quien estaba en reposo médico en su hacienda La Mulera (Mar) pero al tanto de los movimientos previos, ya que en la primera semana de mayo el general Félix Simancas, ganadero y comerciante, le había informado por línea morse que la gente de Vargas y Carmelo París merodeaban y no con disimulo por Elorza y El Amparo. Y otro comunicado pero desde Palmarito, fechado el 19 junio a las 10.15 pm, el general Adolfo Hernández le informaba directamente del estruendo de descargas que les llevaba el viento en las horas nocturnas. La decisión del andino fue comunicar a los presidentes de los estados Bolívar, Apure y Guárico dirigirse en máxima urgencia a Periquera.

Con machete y plomo bueno al gomecismo enfrentaron,
poco a poco los llevaron a encerrarse en el cuartel,
Pulgar que era coronel y su jefe un general,
y lo tengo que nombrar, este era el nombre de aquel:
señor Benicio Giménez un militar gomecista,
colocó por las garitas a sus francos tiradores,
ordenándoles: "señores, no me fallen municiones,
una bala por un hombre, muerto sin contemplaciones".

Dura reyerta en la mañana, y aún más en horas de la tarde, en el recinto militar el teniente Teófilo Cañas brindaba los primeros auxilios al general Benicio Giménez, comandante de las fuerzas, ante su presencia solicitó reunión con sus oficiales, todos entendían que allí iban a quedar cocidos por las balas y descuartizados por los filosos hierros Collins, su orden tajante fue no desperdiciar municiones, una bala por muerto, al día siguiente (20) mandó a colocar los francotiradores por las cuatro esquinas, en la garita frontal derecha coloco al experto tirador Pedro Becerra, mozo de 21 años que había ganado su fama de bala fija, practicante del oficio desde sus primeros años en la caza de chigüiros, guires y danta que abundaban en los predios, entrado al servicio castrense a los 18, estando Becerra en su posición observaría pero sin blanco abierto a Maisanta, cuando éste y sus macheteros derribaban la puerta de la jefatura civil, a quien si le pondría ojo y bala seria al general aragüeño Pedro José Fuentes, quien en inútil acto llamaba al cese del fuego, el plomo le desprendería la quijada derecha, el general Ramírez observando lo sucedido ordenó un alto al fugo para que los alzados retiraran el cuerpo del desafortunado, su compañía mayormente de araucanos y casanareños dispondrían de trasladarlo al otro lado (Arauca), infectada la herida al punto de engusanàrsele, posteriormente serìa llevado a la capital de Colombia, en donde le implantarían una prótesis de platino, por este implante en adelante sería mejor conocido como Quijà de Plata. A las treinta y tres horas (33) de crudo enfrentamiento aquellos atacantes y defensores empezaron a sentir los efectos del cansancio, en su punto de operaciones el doctor Vargas ordena a la oficialidad un ataque final que terminara con la toma del cuartel, a la orden se enfilarían los generales Francisco Parra Pacheco, Marcial Azuaje (cuello de pana), Carmelo París, José Capdevilla, Elías Aponte Hernández, Marcos Becerra, Manuel Montilla, entre otros, todos ellos ya probados en las montoneras y el boulevard de las guerrillas, en alusión a la definición de Carlos, M. Laya en su Apure Histórico. Había que estar allí para tener una idea clara y concisa de la bestialidad de unos y el esfuerzo sobrehumano de los otros por defender aquel cuartel y en el fondo la causa del Bagre. En la hora sexta pasado el meridiano por las cuatros calles inundadas más que de sangre que de aguacero la escena era terrorífica, las paredes de las casas, pulperías y otros negocios agujeradas y con adobes desprendidos, muertos por todas partes, mujeres y niños escondidos bajo las camas, y hombres en vigilia ante una posible entrada de lo indeseable, la penuria, el horror y lo espantoso de ese hecho quedaría grabado en varias generaciones de guasdualiteños.

De pronto se oyó una voz, y una bandera se alzó,
el comandante Giménez desde los muros gritó:
"nosotros nos rendiremos si aquí viene el doctor Vargas",
no le gusto esto a Maisanta, menos al general Cedeño,
pues el objetivo de ellos era el cuartel con las armas,
pero en acuerdo era el tuerto que entre todos comandaba,
un médico de conversa con prudencia exagerada.

A las 1.15 pm del 21 de junio, luego de infernales horas de lucha una bandera blanca es izada por el soldado Claudio de Jesús Martínez, por el muro izquierdo se asomaría un mal herido general Giménez solicitando un alto al fuego, solicitando la presencia del doctor Vargas, tiros al aire por los alzados, el objetivo aparentemente había sido logrado a costa de fuego y sangre. El general Arévalo Cedeño envía un emisario a informar al comandante en jefe, quien dispuso que fuera su amigo el general Francisco Parra Pacheco quien se entendiera con los gomecistas, exigiéndoles una rendición total. Se abrió la puerta del cuartel que crujía por el destornillamiento causado por la gran cantidad de plomo recibida, los apamates y samanes de la plaza igual recibieron un sin números de balas, sirviendo de protección a los instigadores. El diestro coronel Ramón Emilio Peña quien asumió el comando al ser heridos sus superiores, con el escuadrón en formación recibe y saluda a Parra Pacheco llevándolo ante la presencia de sus generales heridos, se acuerda la tregua, y por orden dada por el mismo Vargas desde El Chinquero, el ejército insurrecto se retira hasta Vara de María. Craso error seria este acuerdo para los alzados, vendrían las deserciones en bandada, para el Arauca y sus alrededores seria el paradero de no pocos hombres convertidos en fantasmas vivientes, mal heridos y agotados, guiados en una guerra desproporcionada, vivir y no morir miserablemente era ya lo deseado. El general Arévalo Cedeño señalaría en su texto El Libro de Mis Luchas, pág. 158: "aquella disposición era fatal, para evitar discordias, se aceptó y marchamos a una legua de allí, en donde pernoctamos".

La retirada fue aprovechada por el general Benicio Jiménez para enviar por caminos del monte a dos comisionados con destino al cuartel de Palmarito, el mensaje fue escrito por su puño ensangrentado y firmado a dura pena, el documento pasaría al Archivo Histórico de Miraflores con la signa Telegrama de 1921. Caja N° 807, estampaba lo siguiente: "Después de un combate de treintiseis (36) horas con las fuerzas revolucionarias al mando de los Grales. Francisco Parra Pacheco, Roberto Vargas, Arévalo Cedeño, Toro, Pedro Pérez y el Dr. París, hemos llevado a cabo un cese de hostilizados (sic) que durara hasta el día de mañana para recoger los heridos y darles momento de respiro a nuestras tropas por una lucha tan larga, la cual estuvieron batiéndose con la mayor bizarría sin tomar un bocado de pan. El combate ha sido muy sangriento (…) Todos los jefes y oficiales han luchado con un valor digno de alabanza. El coronel Peña asumió la dirección de combate acompañado del Gral. Ramírez, el cual se portó como viejo veterano". El telegrama del general Giménez resumía en cortas líneas sin fanfarria ni exageraciones, la crudeza del combate, y a su vez la valentía y la determinación de los acuartelados.

El de Ospino beso la tierra enceguecido de rabia,

el machete sacudió profiriendo estas palabras:
"como puedo ser posible que una batalla ganada
ahora tenga que perderse por culpa del tuerto Vargas,
lo de guerra es pa´ los hombres, no pa´ médicos ni damas".

La razón justificada por el médico general Vargas para el abandono de la plaza, y que plasmo en sus detalles biográficos, sería que un par de vigilias le habían informado que del estado Zamora, exactamente de Puerto Nutrias se aproximaba y ya muy cerca los refuerzos comandados por el jefe civil de Obispo el general Silvano de Jesús Uzcátegui, quien a la postre llegaría vía fluvial por el puerto El Gamero con un reducido contingente y más del millar de municiones, además de esto, le llegaría información errada que el general Vicencio Pérez Soto, se aproximaba por Suripà con tropa y caballería, estas condicionantes lo obligaron a un cambio de planes, tratando de ganar tiempo ordena a Pérez Delgado distraer a Uzcategui con dos escuadrones, en el sitio El Baldayero ocurriría una escaramuza, y la otra iniciando la Calle Real, devolviéndose los insurgentes en horas de la tarde del segundo día de lucha al sitio de Las Angosturas, allí era el punto de encuentro de todo el ejército rebelde para evitar ser tomados por fuerzas gubernamentales, frescas y bien apertrechadas, la decisión fue acatada con vista al suelo y con refunfuñeos por Pérez Delgado y Arévalo Cedeño, encargados de sembrar la discordia entre los otros generales y oficiales, el primero de ello según José León Tapia en su libro Tiempos de Maisanta se arrodillaría en un tramo de la Calle Real, besando la tierra y lanzando a los cuatros vientos su furia y descontento pronunciando: "Maldita sea los doctores y todo aquel que aprovecha la guerra para ver si llega arriba a costillas de los de abajo, juró ante sus atónitos oficiales que lo esperaban respetuosos: "Juro que no daré un paso más al lado de estos carajos, que cuando hay que jugársela toda como corresponde a los hombres completos, comienzan con la conversadera".

En Las Angosturas Arévalo Cedeño se insubordina y desconoce la orden y la autoridad del doctor Vargas, José Garbi Sánchez, en la relàfica Batalla de Guasdualito expone sobre el acto: "no gustó a Arévalo Cedeño el retroceso de las tropas. Pensaba tomar la plaza y enfrentar a Uzcátegui. Siguieron los enfrentamientos personales; un hijo del general Marcial

Azuaje, Eliseo Azuaje, intentó hacer armas contra Vargas pero su padre lo evitó. Recomendaron a éste que se fuera y el 24 de junio, para cortar de raíz la situación, pidió permiso para retirarse con la gente que le era afecta. Se fue vía a Arauquita con Luis Felipe Hernández, el coronel Maldonado y unos cuantos soldados. Arévalo Cedeño se vio dueño de la situación y en un arranque muy suyo, intimó la rendición de la plaza al general Giménez o de lo contrario, seria atacado nuevamente" (sic).

La respuesta desde el cuartel por parte del general Benicio Giménez fue firme y decisiva, el coraje y valentía de aquellos andinos y barineses fue de admirar por el mismo Gómez, en un aparte del Archivo Histórico de Miraflores, se testimonia lo contestado a Cedeño por el comandante del cuartel: "no me lo permiten mis condiciones de soldado que sabe cumplir con su deber. Espero, pues, tranquilo un nuevo ataque que Ud. ejecutará a esta plaza, donde están los mismos soldados animados del mismo espíritu que tuvimos con Ud. en combate anterior". Era tal la determinación de aquellos militares que en el último telegrama enviado a Maracay signaba: "recibimos refuerzos del general Uzcategui, que ha traído 1800 tiros, en estos momentos que le participamos esto, el enemigo está alrededor de la población, y de un momento a otro se principiara el combate, sentimos mucho no tener proyectiles suficientes para rechazar el ataque, haremos todo el esfuerzo que este de nuestra parte en cumplimiento de nuestro deber".

Tres arremetidas intento Arévalo Cedeño con su ejército desmandado y extenuado contra la tropa gomecista, reanimada y con la moral en alto, pendiente de la llegada de otros esfuerzos ordenaría la retirada final, se perdía la oportunidad de oro para los adversarios y opositores del régimen. En Las Angostura el coronel Eliseo Azuaje por poco le vuela cabeza al ya disminuido y derrotado Vargas, llamándole cobarde. Los atacantes insurgentes unos para el Arauca y otros por El Viento, guiados por desmoralizados generales que proferían acusaciones de todo tipo, pidiendo consejo de guerra y fusilamiento unos para otros, la victoria la tuvieron en las manos aquellos hombres, un enemigo vencido saliendo vencedor por la carencia de coherencia y unidad de criterios, luego cada quien pondría sus manos en el lavatorio, pero pronto los Pilatos y Judas Iscariotes cargarían sus culpas con grillos y cadenas en oscuras prisiones, no pudo Cedeño repetir en Guasdualito la acción de San

Fernando de Atabapo, allá no faltó la estocada final, mientras que en Periquera faltó el punto final del capítulo sangriento. El día 28 de junio a las 2 pm pone el pie en el poblado de cuatro calles fangosas convertido en un cementerio sin tumbas, el general y para entonces presidente del estado Bolívar Vincencio Pérez Soto, en horas de la mañana del día siguiente el doctor Hernán Febres Cordero (presidente del estado Apure), y el general del estado Guárico Manuel Sarmiento (presidente del estado Guárico) pero ya todo estaba consumado, honor al valor, exaltas a los vencedores. Los pobladores fueron abriendo con temor puertas y ventanas, el hedor a muerto imponía acciones de entierro y sanitarias. El saldo de aquella carnicería era en extremo pavoroso: más de 250 muertos y más de 100 heridos, el panorama era desolador, el presbítero F.A Conteras en su informe del hecho relataría: vieron mis ojos lo más parecido al infierno.., y sin duda que no exageraba, como no exageraba el médico Pedro Padilla Hurtado refiriéndose en su texto familiar al Guasdualito de aquel tiempo: " Podríamos afirmar que para esa época y en las primeras décadas del siglo XX nuestro pueblo era como decir el confín del mundo, un pueblo diezmado como consecuencia de la revueltas antigomecistas y epidemias de todo tipo, amparado a la gracia divina. Días después de la hostilidad la normalidad trataba tímidamente de volver a sus fueros, por las tardes en la plaza los más viejos recordaban las alaridas proféticas del trotamundos Enoc, según las cuales el ángel de la oscuridad visitaría al enclave ribereño acompaños de sus maléficos jinetes. De este suceso histórico se cumple este 19 de junio del año en curso cien (100) años.

EL BARRIO MORRONES

SU HISTORIA

(Reseña dedicada al amigo Ciro Méndez y a todos los morroneños)

Entrada al barrio Morrones por la calle Cedeño. Foto tomada en enero de 2021.

Pescaba en La Coroba
y me pescaron recuerdos
con redes de emociones,
al contemplar a Morrones
despedir al lucero
con un adiós lerdo.
Y me susurro la voz del viento:
"escribe, porque si te vas lejos
hablaran tus escritos
del amor por tu pueblo".

INTROITO.-

La grafía auténtica de un pueblo abarca diferentes etapas y procesos históricos, que al estructurarse en su complejidad le otorgan una identidad conceptual propia. Dentro de esta perspectiva se hace necesario por el bien de nuestro entendimiento fundamental como pueblo heterogéneo: hurgar aspectos importantes que permitan con claridad comprender en amplitud nuestra genética histórica local, especificando en la tarea una retrospectiva de nuestros principales componentes, sustentados para ello en las fontanas escritas y orales, y así contribuir con la estructuración del fundamento socio cultural del guasdualiteño. Atendiendo a estas inmanentes apreciaciones se inicia la sección: Nuestro pueblo y sus particularidades, con la presentación sin ambages de aspectos convencionales del populoso barrio Morrones, agrupamiento urbano de considerada importancia patrimonial, el cual desde sus inicios ha sido un elemento humano geográfico que ha desempeñado un accionar determinante en las diversas áreas de la guasdualiteñidad. Por consiguiente, en moderada circunspección se presenta su reseña evolutiva, esperando sea del agrado de todos los lectores.

TOPONIMIA.-

Para el prof. Iván Colmenares, guasdualiteño y habitante del sector, la etnología del barrio conjuga dos hipótesis, siendo la primera: que la designación se origina por uno de los primeros radicados en el andurrial, que sería un portugueseño oriundo del poblado conocido como Banco de Morrones, cercano a Guanarito, ya en el terruño el distintivo personaje tenía como costumbre al salir de su covacha en su carreta tirada por un buey yuguero, iniciar su pregón con un Nobiscum bizantino, cifrando ¡Viva Morrones! La otra conjetura que supone es que en las adyacencias nacientes existían grandes hormigueros conocidos como morros, de esta agrupación de cúmulos, túneles o montículos de arena arcillosa vendría el apelativo folclórico por parte del populus. Para quien esto escribe la segunda conjetura resulta más cercana al origen de la designación, entendiendo que la influencia española en la fundación y conformación (1771) de Guasdualito resulta notoria por los cánones normativos emitidos por la Real Audiencia, por esa razón nos atrevemos a agregar a lo supuesto: en la Madre Patria, en las ciudades, pueblos o sectores donde por condiciones geomorfológicas sobresalen los montículos fueron bautizados con el cognomento de Serranos, Morrones o Villaverdes, tal y como lo señala Tomas de La Torre Aparicio en su texto Gentilicios Españoles, edición 2006, de allí que el nombramiento Morrones debiera de remontarse a la segunda etapa de la refundación.

INICIO DEL BARRIO.-

Es difícil precisar con exactitud el empiece del poblamiento del barrio Morrones, pero al tener en cuenta la mudanza hacia el Puerto de Periquera iniciando la octava década del siglo XIX por parte de la mayoría de los precursores de Pueblo Viejo, y constatando en las certificaciones históricas que la mayoría de ellos optó por asentarse en la llamada Calle Real, no es errático afirmar que con la llegada de estos visionarios se iniciaba en forma lenta pero progresiva la expansión del villorrio hacia sus laterales frontales adyacentes, en fijación estricta a lo expresado en la Real Orden del 01 de noviembre de 1751, donde se establecía para los pueblos del nuevo continente un cordel principal en honor al rey, a partir del cual surgirían las demás calles, es decir, esta arteria vial seria la médula principal del pueblo y el puntal de expansión, la normativa se mantendría vigente durante más de una centuria.

Arribaría el siglo XX y con el centenario llegan al Guasdualito nuevo los primeros italianos meridionales, al iniciar el lapso la delineación del enclave no daba para muchas expectativas: cuatro (04) calles de tierra, aproximadamente cien (100) casas (la mayoría de bahareque) con techo de palma real, caminos de recuas como arterias de conexión y el recalar de los steams boats configuraban la cotidianidad del enclave ribereño. La original corredera sería la escogida por la mayoría de aquellos inmigrantes y comerciantes criollos para el establecimiento de sus comerciarías, quedando en su contorno derecho lotes de terrenos baldíos (potreros) patrimonios heredados décadas después por don Reinaldo Acosta, Elías Lara, Presentación Fuentes, Josefa Linares, entre otros legatarios. A mediados de la cuarta década del siglo XX el concejo municipal adquiere para la jurisdicción estos predios y autoriza el asentamiento interno por la retícula prolongada de la calle Sucre, en bordeo del caño Periquerita, al par por la calle Cedeño empezaban a radicarse los primeros pobladores.

Durante la década siguiente ya el Guasdualito provinciano daba paso a los primeros retoques de progreso, con una economía sustentada en la ganadería extensiva, un comercio fluvial de considerada aportación, y con una actividad comercial alimentada por los suministros de los vapores de la Compañía Anónima Venezolana de Navegación (CAVN) el futuro se observaba alentador. En cuanto al poblamiento de la época Manuel Padilla Hurtado en su texto Identidad del Guasdualiteño, con la coautoría de su hermano Miguel, señala: "Ese Guasdualito de entonces era muy pequeño en extensión, pero de gran personalidad. Se mostraba provisor en su urbanismo incipiente, calles en retícula, su plaza Bolívar grande y extensa, sus "manzanas" de casi una hectárea, cada una con sus barrios: Morrones, Curitero, entre otros, perfectamente definidos". (2006: 11).

Atendiendo al párrafo antepuesto observamos al barrio Morrones como uno de los primeros asentamientos en extenderse hacia el cardinal oriental, partiendo desde la tangente de la Calle Real, luego conocida como Avenida Miranda; el encuadramiento inicial comprendía Placita Páez, Iglesia, Colegio Santa Rosa de Lima y Logia Masónica, ese era el discernimiento entendido por las autoridades y pobladores, ya al cruce de la avenida principal se encontraba la jurisdicción del barrio. Consultado por este escribiente, el prof. Marcos E, Hernández refiere lo siguiente: "Para la época Morrones eran solo dos calles después de la Calle Real, que se internaban unas tres cuadras por la orilla del caño Periquerita, la Sucre y la Cedeño. La última casa por la calle Sucre era la de Pedro Carpio, músico de la banda municipal y tostador de café. La primera casa por la Sucre tenía una gran caballeriza, allí vivía un señor de apellido Reyes. En esa caballeriza guardaban los caballos que llegaban del hato El Palito, de don Óscar Carpio, y de los hatos fuenteros, como La Gallardera y La Venganza. Después seguía la casa de un señor de nombre Arturo, en la esquina estaba la casa de mis abuelos paternos, que antes había sido de un señor que tenía una carpintería adjunta a la casa". (Dixit) (Fin de referencia).

FAMILIAS PRECURSORAS.-

Como raleas predecesoras del barrio se encuentran la familia Panza, con los patriarcales Pascuale y Matteo establecidos por la Calle Real, extendidos con los sucesivos decenios sus descendientes a los diferentes puntos del periplo. En ese orden: la comadrona Mamá Andrea (noble mujer venida del Casanare asentada por la calle principal) en seguimiento: el gocho Cristancho (esposo de Rosa Panza, fallecida en el incendio del 48), Lucrecia Cardoza con su cómoda pensión y afabilidad, Ernesto Arellano, Reynaldo Acosta (propietario del Chicote),

Reyes López, sucesivamente don Arturo Merchán (por la calle Sucre) Víctor Terán (el carretero por la calle Cedeño), Presente Fuentes (bedel de la escuela Aramendi), la familia Méndez, los Aquino, Paulina Hidalgo, Olegaria (la partera y rezandera), Benita Martínez, Beludis Barrios, los Hernández, Carmen Zapata, Nicolás Useche (el experto albañil) casado con la señora Rosita, don Cadevilla y doña Asunción, Vicente Colmenares, los Brito Hernández, los Labanchi, los Contreras, la guata Aura María Morales, Lucrecia Cardozo, doña Crispula, doña María Sosa, Genoveva Contreras (costurera), Alfredo Panza, los Taquiva, Carmelo Fulco, los Carpio, los Rodríguez, los Nadales, los Hidalgo, los Lara, Alfonso e Irma Braidy, Catalino Padrón, la familia Ortiz, los Macías, Jiménez, Ruiz, la ralea de Carmen Zapata, los Colmenares, Morales, Arroyo, Crespo, Torres, Salas, Mercado, entre otras dignas familias que se establecieron con el correr de los años, dándole identidad y personalidad al barrio.

PRIMERAS CASAS.-

En referencia a las primeras moradas edificadas en el sector, la posada de Lucrecia Cardoza es la pionera, construida en 1922, ubicada por la calle Cedeño con intersección con la carrera Soublette, originalmente en su interior contaba con doce habitaciones cómodas para la época, bautizada como El Palmar de Morrones, supuestamente por estar rodeada de palmas llaneras (Copernicias) allí pernoctaban los dueños de rebaños y comerciantes que llegaban al pueblo a bordo de los barcos de chapaletas y embarcaciones de mediano calado, con los años sus familiares establecerían una cervecería con licencia de expendio; vendrían la casa de don Nicolás Useche, cerca de donde hoy día esta lo conocido como El Triángulo, adquirida a su consanguínea Amparo, en donde cohabitaría con su esposa Rosa Bustamante; la casa de Pedro Cárdenas, con sus paredes de barro y piso de tierra, años más tarde pasaría a ser propiedad de doña Alicia Josefina viuda de Stella; la casa fundada por Lucrecia Cardoza, cedida a la apreciada Dionisia Cardoza, tostadora de café, servicial y llena de bondad; la construcción de a mediados de siglo de doña Cristina Centella de Aranda, anterior propiedad de María Luisa Dugarte. Con el tránsito de las últimas décadas veintenas y con el crecimiento demográfico se ensancharía el sector conformándose un fraccionamiento interno o divisiones por secciones, por mencionar: Centro, 01 de Diciembre, Las Playitas, Barra Vieja, El

Terraplén, ubicándose por las principales entradas e interconexiones casas de diferentes tipos y patrones.

URBANISMOS Y OTROS ASPECTOS.-

Es en el quinquenio 1964-1969 durante el mandato presidencial de Raúl Leoni Otero que se inicia la construcción de viviendas rurales en Guasdualito, esto con la finalidad de dar respuesta a las necesidades de habitabilidad del contingente poblacional, en los predios (potreros) internos de Morrones se inician los trabajos de relleno para la construcción de las primeras viviendas rurales que fueron habitadas por Carmelo Fulco, Candelario Coiran, Bladimir Guerrero y Bolivia Carvallo. En continuidad con la política habitacional, Rafael Antonio Caldera Rodríguez, presidente constitucional en el periodo 1969-1974 construye otro lote de casas que ampliaron en forma planificada la extensión del barrio hacia el cardinal naciente.

EL FUTBOL EN MORRONES.-

La práctica del balompié ha estado presente en la contemporaneidad del barrio Morrones, tempranas generaciones abrieron cancha en los potreros al final de la calle Cedeño, improvisando un estadio de futbol que con el tiempo se convertiría en el campo deportivo del pueblo, conocido en la actualidad como Estadio Rigoberto Neiva, dado el epónimo en honor al destacado futbolista guasdualiteño muerto trágicamente. El auge de esta instalación futbolera seria en los decenios 80 y 90, lapso cuando emergería la mejor generación de jugadores de este deporte a nivel local; futbolistas de competitividad y gran talento como los cracks: Rodolfo Lara (quien ascendería a la primera división con Los Arroceros de Calabozo) Rigo Neiva (+) Yoyo Ereù (jugador de la selección estatal en las competiciones realizadas en el Brìgido Iriarte, pudiendo ser ficha de un equipo de Cúcuta), el destacado Iván Colmenares, Maro Oronoz, Iván Arellano, Coca Méndez, Franklin Gamarra, Daboin,William Falcòn, Manare, Santos, Imber (Pescao) Mercado, Edgar Quiñones, Robert García, por mencionar algunos, dieron vida y aptitud a nuestro futbol, concentrando durante los fines de semana a una viva afición en el viejo estadio, campo en donde se llevarían a cabo grandes y electrizantes finales, enfrentados en sana rivalidad deportiva el Club Deportivo Morrones,

Los Corrales F.C., Abastos La Navidad, Barrio Táchira y La Cabaña, siendo estos equipos los que contaban con los mejores futbolistas.

REMINISCENCIAS CERCANAS.-

Sin duda alguna que esta importante subdivisión de Guasdualito, llamada Barrio Morrones, por historia, tradición y cultura es un conglomerado humano con representación patrimonial y con identidad propia, siendo su mayor valoración la calidez y afabilidad de su gente, que a lo largo de las épocas ha sentido y sentirá su fracción territorial con verdadera afinidad, conservando sus casas, calles y aceras un sin número de reminiscencias, mundologías trasformadas en evocaciones nostálgicas que son contadas en tertulias nocturnas rondadas por la Diana y sus escoltas argentas, tomando aliento para recordar tiempos y personas, como apreciadamente recordamos a don Rafael Orono "El Rey del Golpe Tuyero", padre de la muchachos Lara, con quien compartimos el arte de la ejecución de instrumentos de cuerdas, como bien rememóranos las recias interpretaciones del Turpial de Morrones; en esa continuidad, agradablemente recordamos las fiestas de la barriada organizadas por la familia Taquiva, sanas diversiones que marcaron pauta en su momento, bien vividas y conmemoradas por varias fecundaciones de guasdualiteños; y en ese orden se recuerdan aquellos sitios agradables para compartir y echar entre amigos una partida de dominó, por mencionar: La Cervecería de Marucha, el expendio de Amedeo "Medeo" Belgrado Panza Di Mateo, El Yara, La Gabana, Los Claveles de Castorila, y sus inolvidables asistentes: Elías Ruiz, don José Humberto Quintero (Quinterito), Pablo Ramón Márquez, José María (farmaceuta), Chichi Labanchi, Castillito y compañía, sin olvidar las ocurrencias de Chiricoco Morales, haciéndole los mandados a su tía, aquellos ricos helados de coco de Rosita Useche, tan demandados por los chavales del barrio y sus adyacencias. En verdad que son tantas las remembranzas, que por eso estamos seguros que cada morroneño almacena en su cripta cerebral gratos recuerdos de su barrio, evocados con añoranza agradable.

Lo anteriormente presentado nos demuestra que sin duda alguna Morrones es un compuesto social con gente única y representativa, con una sentida pertenencia que enaltece con palabras y hechos su afinidad por su segmento de pueblo, para su meritorios habitantes mi simpatía y estimación. Para ultimar, ha sido en formidable agrado para este servidor el haber indagado, recopilado y estructurado organizadamente la memoria histórica de uno de los sectores más emblemáticos y enérgicos de Guasdualito, el Barrio Morrones, un barrio bueno que ha superado dificultades manteniendo siempre despierto su brío colectivo, tan merecedor de revalorización panegírica por ser un componente principal y particular de nuestro gentilicio. Hasta otra oportunidad.

HOSPITAL JOSE ANTONIO PÁEZ
PATRIMONIO DE TODOS

Los inicios de este importante centro asistencial se remontan al año 1974, cuando por orden del entonces presidente Carlos Andrés Pérez (1974-1979) se somete a estudio el proyecto del nuevo hospital de Guasdualito. El diseño original contemplaba una moderna infraestructura de cuatro (04) pisos y una capacidad de noventa (90) camas, con sus distintos departamentos y espacios que garantizaran a la colectividad guasdualiteña y sus contornos una atención integral oportuna. El sitio escogido para la magna obra se ubicaría en el barrio Las Carpas, por la avenida Acueducto, en los terrenos que primeramente pertenecieron a don

Pedro Pablo Rodríguez, luego cedidos en venta a Miguel Briceño. En marzo de ese mismo año se comienza el desmalezamiento y posteriormente el relleno del terreno para la adecuación de la ingeniería, transcurrirían tres años con el proyecto a paso lento. Fue el 03 de diciembre de 1977 cuando una comisión integrada por el profesor Emilio Abunassar (presidente del concejo municipal) Horacio Hernández (secretario de organización de AD) y el ganadero Ramón Briceño se reúnen en privado en la ciudad de Rubio con el presidente Pérez, en visita oficial del primer mandatario a su terruño; de la significativa tertulia saldría el compromiso de agilizar la construcción tan requerida por la colectividad.

Las intenciones esperarían largos años y otros periodos gubernamentales en los cuales se hicieron avances, y a la espera una población necesitada de mayor atención. Retorna a la silla de Miraflores Carlos Andrés Pérez y, en visita relámpago promete cumplir su promesa de dotar a la capital del municipio de un moderno nosocomio, la ofrenda se cumpliría en 1992, día de júbilo seria aquel 20 de noviembre del año en referencia, llega el avión presidencial al aeropuerto de Vara María trayendo al presidente y su comitiva en la que se hallaba el Ministro de Sanidad y Asistencia Social, para inaugurar el anhelado centro asistencial, un entusiasmado gobernante andino acompañado de José Gregorio Montilla (gobernador del estado Apure) corta la cinta inaugural y procede a inspeccionar los espacios internos e instalaciones, felicitando al contratista Víctor Mèndola por la calidad de los trabajos. La dirección del sanatorio quedaría bajo la responsabilidad del doctor Ángel Santana, sanitarista de amplio conocimiento y capacidad. En lo administrativo el nuevo hospital dependería directamente del Sistema de Salud Regional con sede en la capital del estado Apure. Otros galenos que se desempeñarían como directores del Hospital José Antonio Páez fueron: Jorge Castellano, Francisco López, Antonio Castillo, Andrés Del Orbe, Alexis Galindo, Samuel Padrón, Juan Albarrán y al día de hoy José Cuenza.

En ese orden, es meritorio hacer mención a hipocráticos fundadores que continuarían labores con vocación y ahínco en el nuevo centro sanitario, algunos de ellos se nombran a continuación: Carmelo Reyes, Ender Olivares, Carlos Omar Valero, Bernardo Arellano, Ramón Hidalgo, Rosa Carvajal, Rosario de Amaya, Pedro Orellana, Carlos Ramírez, Yurubi

Toro, Nuris Colòn, Clara Sierra, Maira Sánchez, Amelia Navarro, Cocaro Rincones, Nelly Zapata, Cándido Martínez, Paúl Bitriago, Francisco Anchiquioque, Felipe Romero, Adrián Galindo, entre otros valiosos ejercitantes de la medicina preventiva y curativa. Mientras que en el personal de enfermería con amplia trayectoria y experiencia mudado al José Antonio Páez estarían: María Marichale, Albana Torres, Carmen Rodríguez, Teresa Sequera de Blanco, Belky Sequera, Iris Sequera, Margarita Hidalgo, María Bustos, Luisa Sánchez, Carmen Márquez, Herminia Arévalo, Belén y Lesbia Braca, Rosita Castillo, Gladis de Farfán, Miguel Coronel (Miguelòn), los laboratoristas Ramón Sánchez y Alì Álvarez, los radiólogos Melkis Gutiérrez y Jesús Farfán, los administradores Iraida Ramírez, Alfonso Guerra, Víctor Villalobos, por mencionar algunos. Justa mención a las primeras secretarias y mecanógrafas: Ester de Cabriles, Doris Pérez, María Dueñez, Lelè Requiniva, Sulis Maldonado, Linda Peñaranda, entre otras eficientes oficinistas y trabajadores que aportaron con esmero y dedicación años de encomiable trabajo con mística y responsabilidad.

Llegaría el año 1998 con buena nueva, gracias a la conjunción de esfuerzos se inaugura en ese lapso el anexo del Pabellón Militar, funcionando en el tercer piso Sala A, prestando desde sus inicios un servicio de atención eficiente a miembros del componente militar y afiliados, otras áreas como el Banco de Sangre y la Sala de Maternidad y Pediatría han sido dotadas durante varias gestiones para su buen funcionamiento. En la actualidad el personal médico así como el de enfermería, administrativo, empleados y obreros, con gallardía, valentía y humanismo llevan a cabo una dura y desproporcional batalla contra el virus asesino, dando día a día lo mejor de ellos para salvar vidas a costa de sus vidas, un personal digno de admirar y valorar, guerreros de blanco con vocación y amor al prójimo a los que por siempre debe agradecérseles sus entregas en un tiempo tan difícil. Realmente conmovido estoy al escribir esta corta reseña, movido por la sensibilidad natural de mi hálito, pidiendo al Dios Vivo y Eterno que su Espíritu Santo proteja a cada uno de los trabajadores de nuestro hospital José Antonio Páez, así como a cada habitante de nuestro municipio, país y orbe. Para ellos lo siguiente:

Guerreros de la salud

son ellos por vocación,
merecen consideración
por laborar con rectitud.
Valientes cuya virtud
debe ser reconocida,
contra el virus genocida
se enfrentan en el hospital,
venciendo con Dios el mal
luchando vida por vida

ALJER “CHINO” EREÙ.-.

LA PESA
UN ELEMENTO DEL PASADO CERCANO

Pesa Municipal de Guasdualito
(foto tomada en noviembre de 1997)

Foto cortesía Exer Fulco

Mis manos de niño cargaron
lo que se compraba en la pesa;
los que sacaban las presas
ocultos sus tragos se echaron.
Dos kilos a mi encargaron
que fueran de pulpa abierta
al emprender ya la vuelta

salió un perro interesado
y con un mordisco afanado
se llevó ración resuelta.

INTROITO.-

Cada pueblo tiene sus historias clasificadas en las diferentes instancias sean ellas: anticuaria, crítica, bronce y científica, expresadas las mismas en escrituras complejas y sencillas, dependiendo de lo abordado y del escribiente; pero, la historia es humana, y como tal debe presentarse con espontaneidad para el conocimiento general y comprensión de lo que fuimos, somos y seremos. En este sentido, de la historiografía de nuestro pueblo se han preocupado con avidez algunos exegetas e historiadores que, han logrado en forma considerable contribuir con la preservación de nuestra memoria histórica. Sin embargo, de la historia menuda con sabor a pueblo bueno queda mucho por investigar, recopilar, organizar y divulgar, siendo esto tarea una de las planteadas para el conocimiento de las actuales y futuras germinaciones de guasdualiteños. En ese tópico, un elemento del pasado contemporáneo lo constituye la recordada Pesa Municipal, establecimiento de comercio carnícola que funcionó durante varias décadas del siglo retrospectivo por la calle Cedeño, específicamente en donde actualmente funciona el Ateneo Municipal. Este componente del comercio de otrora también tiene su historia minúscula.

LA PESA.-

Sería durante el mandato del nacido en la hacienda La Mulera: general Juan Vicente Gómez, cuando por decreto oficial se constituye en 1928 La Pesa de Guasdualito, destinada la misma al expendio de los diferentes tipos de carnazas destinadas al consumo humano, no obstante, siendo la zona una productora potencial de ganado vacuno predominaría la venta de carne de res. La primigenia infraestructura bien pudiera definirse como incipiente y ordinaria, siendo que no era más que una casa de bahareque con techo de palma, con un expendedor de bloques y ganchos de acero, en la que desde las primeras horas del día los ricos ganaderos de la época procuraban ya pagado el impuesto requerido beneficiar y vender sus reses viejas, horras, o que no pudieran lactar terneros. Lo seguido era la algazara de jóvenes y adultos solicitando: ¡don Fulco, tres kilos de pulpa y dos de hueso! Casimiro, Pata e` Perico, Elías o Céspedes: seis kilos de costilla y cinco de paleta- por describir la habitual feria de la Pesa, en donde nunca faltaron los vendedores de arepa frita, jugos, atoles, y chichas, vendidos estos refrigerios a precios módicos. Al finalizar la jornada el rumbo fijo de los peseros era para la pulpería de don Pedro Silveira a comprar los tragos de guaco, mameluco o alguna otra poción mágica preparada por el faculto expendedor y su esposa doña Agueda.

Con las décadas se consolidaría como el centro de abastecimiento proteico de los habitantes del pueblo rural y semi urbano, las remodelaciones se iniciarían en la gestión municipal de don Isaac Ontiveros, hasta la eliminación por decreto número 240-1998 del regente Exer Fulco, para dar paso a la construcción de la morada permanente de Atenea, diosa del saber, entidad cultural que ha sobrevivido en el tiempo. Caso aparte, pero en el contexto popular, en la década del 80 del siglo veinte, luego de cerradas las puertas del centro se hizo habitual observar a los célebres libadores del elixir embriagante del dios Baco, allí observaron nuestros ojos infantiles al rememorado negrito Cheo Ortega con elegante safari, dictar cátedra de economía en la recolecta para comprar el extracto de licor en Licores La "E" propiedad del comerciante Escalona, luego vendrían los discursos incoherentes de aquellos buenos seres humanos, y lo subsiguiente: el silencio pueblerino bajo el ardiente zénit solar, interrumpido por las riñes de los perros realengos que también buscaban sus raciones, otros tiempos, tiempos generosos que no se olvidan, que regresan en las aurigas del buen recuerdo.

LAS PULPERIAS

Calle Real años 50. En la esquina pulpería del turro Nicasio Ruiz.
Cortesía Armida Gutiérrez

BREVE PROEMIO.-

En el presuroso andar de nuestro pueblo van quedando a sus espaldas años ostentosos, cuya carga nostálgica se afincan al frusleril presente, doblegando el dorso de lo vivido con una cuantía de buenos recuerdos que, como sarmientos desprendidos se levantan con la favonia invernal exhalada del oeste al poniente, desnudando añoranzas que anhelan replegarse en el tiempo para vestirse del pueblo apacible y campero que un día fue Guasdualito, poblado aquel tan extrañado y afirmado por las clarividencias generacionales, tan deseado por las actuales y tan inconcebibles para las venideras, obligándonos con apremio a cifrar sin decaimiento alguno aspectos importantes de nuestro pasado lejano y cercano, no escribiendo mis manos sino el mismo pueblo, los hijos de mi tierra encarnados en ellas, no siendo mis oídos los que escuchan sus historias sino los membranas oidoras de lo que no desea ser olvidado, por eso seguimos en esta ocupación, porque también escribiendo se quiere, porque la musa dorada Talía renace día a día y en benedictus pastoriles nos sigue musitando:

"Escribe, escribe
de aquellos tiempos,
porque si te vas lejos
tu pueblo irá contigo
por dentro. Porque
si te vas lejos lo recordaras
en los agónicos bermejos
del mental reencuentro.

ORIGEN, CONCEPTO Y EVOLUCIÓN.-

Para la buena comprensión del contenido se hace necesaria una aproximación a la definición del concepto de la palabra pulpería que nos permita un abordaje claro y raso sobre lo abordado, para evitar confusiones en lo tratado. En este sentido, en cuanto a lo etimológico surgen varias teorías al respecto, siendo la primera que el término es de origen griego, derivado del vocablo "polipus" (πολύπου) estructurado a su vez de "polis" (πολύς) cuyo significado viene a ser: muchos, agregando el sufijo "pus" señalado como pie, siendo así, la traducción popular entonces viene a ser : "muchos pies" resultando esta definición la más acertada, teniendo en cuenta que el génesis todas las lingüistas hispánicas-amerindias se remontan a la rama originaria en la antigua Grecia y romana. Otro de los posibles orígenes del nombre pero inclinado al folklorismo, refiere en que el origen de la locución pulpería está vinculado a cierta bebida afrodisiaca conocida como pulque, preparada en tierra azteca con extractos de maguey, dicha aseveración fue formulada por el jurista español Juan de Solórzano Pereira (1575-1655) en el intermedio del siglo XVII en su texto Política Indiana, perdiendo la asignación "qu" con el transcurso del tiempo, siendo sustituida por facilidad en el lenguaje por la letra "p". Otra hipótesis más osada es la del escritor, historiador y poeta toledano (Esp) Garcilaso de la Vega (1508-1536) quien llegó a afirmar que los vendedores de pocos recursos se conocían con el nombre de pulperos quienes vendían pulpos entres sus diferentes productos, otros autores dicen que era porque se vendía pulpo a la gallega o pulpa de frutas. Por último, hay quienes asocian la idea de los muchos tentáculos del pulpo con la constante actividad de los dependientes, que debían actuar con mucha agilidad para satisfacer a todos sus clientes, como si tuvieran muchos brazos. Teorías para todos los gustos y escogencias, para un solo concepto que se fue definiendo como un establecimiento comercial de venta al menudeo de artículos de todo tipo (entre ellos, comestibles, bebidas, herramientas, ropa, etc.,) ubicado en el campo o en la ciudad y en general montado con un capital reservado. Al comerciante que la poseía o regentaba se lo designaba pulpero.

En referencia a su evolución, las pulperías florecerían en el nuevo mundo al compás de la formación y fundación de los nuevos ayuntamientos coloniales, diseminándose por todo el territorio hispanoamericano. Puede afirmarse sin riesgos a equivocaciones que, las pulperías nacieron en el siglo XVI, siendo desde sus inicios las expenderías más frecuentadas hasta buena parte del siglo XX, estas formas comerciales llegaron a encontrarse con mucha frecuencia en todos países de habla hispana, tanto en Centro América como en la América del Sur. Señala Rafael Ramón Castellanos, pensador, historiador, y autor del libro "Historia de la Pulpería en Venezuela" que en nuestro país los primeros pulperos fueron los venidos del archipiélago español conocido como Islas Canarias, radicados mayormente en zonas céntricas caraqueñas muy conocidas como La Candelaria, San Martin, Las Delicias, El Recreo y Sabana Grande, estos diestros despachadores manejaron el almud (antigua medida de capacidad) y la fanega (medida para el grano) para medir y pesar, mientras que los pulperos del interior del país empleaban la totuma para medir, y el armar trojas para el almacenamiento de alimentos. En cuanto al final de las pulperías, estas comenzaron a desaparecer en los años 60 del siglo XX, cuando en Venezuela se acentúa la industria petrolera, la cual introdujo la modernidad y cambios importantes en la forma de vivir del venezolano, fue entonces cuando los pequeños comercios empezaron a llamarse bodegas, los de mediano tamaño, abastos y los grandes, supermercados.

LAS PULPERIAS EN GUASDUALITO

Escribo sobre las pulperías
de una época dorada,
época nunca olvidada
por ser de oro sus días.
Mágica y de policromías
era aquella Periquera,
con gente noble y sincera
todos de buen corazón
que anhelan con emoción:
¡si aquel pueblito volviera!

Si bien es cierto que el pujante y floreciente comercio del Guasdualito de las primeras décadas del siglo pasado estuvo dominado por importantes casas comerciales, cuyos dueños con ascendencia italiana y árabe, además de originarios barineses y andinos, llegaron a consolidar sus empresas gracias al intercambio del comercio fluvial favorecido por la flota de la Compañía Anónima Venezolana de Navegación (CAVN) igualmente incuestionable es el aporte económico y el bienestar social de las llamadas pulperías durante las décadas del 50 y 60 de la centuria en referencia, lapso de tiempo en que estos establecimientos comerciales acapararon las preferencias de aquellos compradores guasdualiteños, contando en sus estantes y anaqueles con todo lo necesario para el buen desarrollo de la cotidianeidad pueblerina, ofertando desde productos alimenticios hasta remedios, así como bebidas, velas, materia prima para la costura, carbón, papelón, manteca, maíz, caramelos, café, velas, leche, jabón azul, kerosene, queso picado, leña, carbón y muchos otros insumos, convirtiéndose en perfectas células económicas activas que a su vez también se instituían como puntos de encuentro, ya que eran sitios ideales para mantenerse al tanto de las novedades del entorno, fue muy común ver en sus espacios congregaciones de personas de diferentes estratos y lugares, quienes daban rienda libre a sus conversas sobre cualquier asunto, fuera importante o de menor apreciación

Época de oro fue la de las pulperías en Periquera, años aquellos cuando por la prolongación de la calle Sucre hacia el tradicional barrio Morrones se dirigían los niños y jóvenes al establecimiento de don Ángel Ignacio Medina a comprar lo requerido en sus hogares,sin dejar de entretenerse en el trayecto con cualquier eventualidad pero sin olvidar la misión familiar. De esa misma época viene a la escenografía mental la pulpería de don Víctor Ortiz, ubicada la misma en la esquina de la Calle Real (Av.Miranda) con Calle Sucre, entre el almacén de Emilio Abunassar y el negocio de don Elio García, donde llegó a funcionar la única trilladora de maíz y arroz que venía de las vegas gamereñas o de los fundos cercanos, allí fueron muchas las veces en las que un niño llamado Ciro Abelardo Méndez se dirigía con su estropeada carretilla a buscar el afrecho (nepe) que servía de alimento para los cerdos caseros, comprado el saco a un módico precio de 0,25 Bs., esta pulpería bodega se haría célebre por aquel eslogan: "Sencilla la locha" frase expresada por un grupo de alumnos de la escuela Aramendi quienes en las tardes cresespuculares luego de salir de sus clases disponían pasar frente al particular punto expendedor; imponente y de respeto era la presencia del pulpero Ortiz, sentado en su silleta de cuero curtido bajo la sombra de un frondoso mamòn, cuando ya casi rendido por Morfeo, dios del sueño, le llegaban uno por uno aquellos traviesos muchachos tocando con la moneda el mostrador con sus pedidos: ¡don Víctor un cubito! Ya despachado el solicitante, el expendedor se disponía a tratar de cerrar los ojos por unos minutos, cuando se aparecía el otro mozalbete: ¡don Víctor una chupeta! Y así en continuidad el resto de los vivarachos, apoyados económicamente por algunos adultos ocultos en una esquina, quienes disfrutaban la sana broma y el oír a cada rato: "sencilla la locha".

Hermosos años cuando una niña de cabello de oro y ojos de mar llamada Elubia Escobar contaba sus pasos desde la añosa calle Vázquez hasta la pulpería de Pedro Silveira localizada entre calle Cedeño y carrera Páez a cumplir con el mandado requerido por su buena madre Amelia Fulco, lo siguiente: ¡don Pedro, un kilo de café y otro de queso! Y de inmediato, casi corriendo el delgado y activo pulpero procuraba el despacho, tanto Elubia como los niños, jóvenes y adultos ponían su ojos en La Ñapa (propina) que obsequiaba don Pedro y su esposa doña Agueda, noble mujer de baja estatura y cuerpo vigoroso, para atraer clientes, esta pareja de comerciantes medianos se esmeraron toda su vida en brindar una buena atención a los candorosos habitantes del Guasdualito post mancondiano, llegada la hora del cierre formal las solicitudes de compras eran por el ventanal que daba con la calle Cedeño, también implementaron el sistema de La Pipa, que radicaba en que por cada compra efectuada era colocado en un frasco grande un grano de maíz, caraota, frijol, etc., a los cuales se le asignaba un valor, cuando el frasco se llenaba el beneficiario lo cambiaba por golosinas u otra menudencia, razón por la cual ser mandadero tenía su premio, y de aquellas ñapas muchos guasdualiteños de aquellas épocas guardan sus buenos recuerdos.

Sigamos con nuestro viaje al pasado cercano para conocer más de aquellos establecimientos comerciales. Por la llamada calle nueva diagonal a la plaza Bolívar se encontraba la pulpería del coronel Yépez, conjuntamente atendida por su consorte María. En la otra esquina la amplia y surtida pulpería de Matute, el ateo, el mismo que respondía a la bendición: yo lo bendigo, su pulpería fue de aceptable actividad, de ella nacería el adagio popular: "Más vieja que la correa de Matute". Sobre la misma dirección, exactamente en la esquina del antiguo hospital funcionó la pulpería de Samuel García y el chácaro Román (pregonereño) donde desde tempranas horas y en todo el año era costumbre observar sobre el mostrador productos cultivados (frijol, plátano, yuca) por los conuqueros de las costas del río Sarare, al igual que mercancía salada como chiguiere, carne seca y venados, trasladadas por los campesinos. Siguiendo con el recorrido, por la calle Vázquez casi al frente de la casa de Josefa Fajardo laboró en su mercería el guate Cándido Ordùz, laborioso comerciante colombiano venido de Sogamoso que hasta inicios de los años 80 se esforzó con su pulpería, retirándose del oficio en el 1983 al sorprenderle en pie lo inevitable para todo ser humano. En ese orden, por la antigua Calle Real (hoy Av. Miranda) diagonal al negocio de Elías Galvis, frente a la logia de los masones existió una pequeña pulpería propiedad del turro Nicasio Ruiz, andino de baja estatura y con voz ronca y pausada, quien laboraría hasta mediados de los 60 cuando fallece por un ACV atendiendo su despensa. Por la calle Sucre frente a la plaza principal se encontraba el establecimiento de don Cornelio Aponte con amplio surtido de ofertas, por allí pasaban de regreso a sus casas otros vivarachos educandos del paraninfo Aramendi, con el coro: "El araguato de don Aponte come panela y tira pa` el monte".

Otras pulperías muy visitadas que competían cotidianamente por la captación de clientes fueron: el expendio de Pancho Herrera en el sector Los Cocos, colindante con el fundo del José Martí, siendo una parada obligada para aquellos transitantes en jeeps y camiones como para aquellos en tracción animal y humana, esta pulpería anclada en el medio del campo, se erigió como un lugar atractivo donde acudir, en el sitio se podía encontrar desde bebidas alcohólicas hasta guarapo de papelón, con un buen surtido de víveres y, en donde además se realizaban peleas de gallos ocasionales, en su frontal se encontraba una vara sostenida por estantillos en donde se aseguraban las bestias y mulas. También en La Estación de los Padilla Hurtado llegó a funcionar un próspero negocio de mercancía seca para suministrar en lo necesario a los dueños de hatos y fundos, con los ingresos de este trabajo don Francisco y doña Carmen mantenían a su prole y familiares cercanos que se levantarían dentro de sus tutelas. En la misma índole, en la isla de El Gamero estuvieron pulperías amplias como la de don Benicio González, El Maniadero del Sr. Noe Valbuena, las de Juan Camacho y Ovidio Izquierdo, mientras que en el conocido y populoso barrio Los Corrales las abaceras de Alfonso Roa y Santiago Padrón, ubicadas por la calle principal, siendo las encargadas de proveer lo necesario a los habitantes del sector y, a quienes venían o salían del pueblo para las zonas campestres, un expendio gratamente recordado fue el surtido de Toribio Sandoval, quien disponía de una variedad de víveres y bebidas espirituosas. Por el barrio Las Carpas tuvieron vida comercial las pulperías de Jacinto Maldonado, Rafael Moronta y Gladis Montoya. Volviendo al centro del pueblo, al inicio de la calle Bolívar se desempeñaron en funciones de pulperos don Casimiro Delgado, arreador de ganador y baquiano de mil travesías, igualmente el longevo Chacón y don Ramòn Castillo, trilogía muy recordada por ser fundadores del pueblo nuevo y sencillos emprendedores de la época. Igual para traer del recuerdo es la pulpería de Vicente Guevara por la calle Cedeño interceptada con la carrera Urdaneta, en continuidad la expendeduría El Chicote de Reinaldo Molina, y la de Cipriano Cabanerio. De data más reciente fue la pulpería de Norberto Cermeño, quien ante la ausencia de los grandes negocios por la corredera, dotaba sus anaqueles de lo necesario para la venta, se privilegiaron nuestros días de infancia en hacer los mandados donde Cermeño, ya casi en el ocaso de su despacho.

Las pulperías anteriormente mencionada como otras que sé que nos escapan al recuerdo, fueron establecimientos con personalidad propia que reflejaron el espíritu cotidiano del Guasdualito de los años 50 y 60, que a pesar de ser emprendimientos levantados con modestos capitales eran más que simples comercios al por menor, pues cumplían una plaza social, en aquel poblado de cuatro calles en forma de retícula la iglesia, la pesa y las pulperías se instituyeron prácticamente en los únicos centros de reunión que existían en el ámbito provinciano. Mención aparte pero en vinculo al tema del comercio local, es hacer referencia de manera expedita a los grandes comercios que dominaron a sus anchas la compra venta por mayor durante varias décadas, anterior a las pulperías funcionaron los almacenes y comercios de Juan Trejo, honesto mayorista venido del estado Bolívar con mercancía y víveres importados de Europa, vía fluvial por los barcos de chapaletas; los negocios del desprendido bohemio Ernesto Angulo, el de Daniel García, diestro para la actividad comercial, de iniciar con un botiquín lograría ser distribuidor al mayor de los grandes hatos, convertido luego en rico ganadero dueño del hato La Victoria y El Torreño, de auge fue el gran almacén del libanes José Braidi en la confluencia de la Calle Real y calle nueva (Av.Miranda), los comercios de José Antonio Bocaranda, de amplio discernimiento comercial, cuya visión de vender más a menor precio le granjeó simpatía y preferencia; por esa misma Calle Real se ubicaban la librería de don Valeriano Moreno, ubicada en la pròspera cuadra de Eloy Filardo y Juan Laporta, por allí mismo se ubicaban los comercios de don Lorenzo Roca, el almacén de Alfonso Padilla frente a la placita Páez, la bodega de Elías Galvis, ubicada en la intersección con la calle Vásquez, en cuyo amplio almacén se podía conseguir desde una simple aguja hasta el licor más exquisito proveniente del viejo continente, incluyendo comidas, bebidas, velas, carbón, remedios y telas, entre otros productos. Otras paradas obligadas para la clientelas fueron: los negocios de Ernesto Gómez, mientras que por la activa calle Sucre se encontraba el boyante almacén de Emilio Abunassar, el centro de venta de don Isaac Ontiveros, frente al negocio de don Elio García se ubicaba el local de don Emilio Campin, estimable comerciante quien vestía siempre de blanco, distribuidor de bicicletas, ventiladores, radios, cocinas, etc, y en ese orden vial frente a la Plaza Bolívar se encontraba La Royal Curazao C.A del visionario Samuel García Contreras, llegando a ser uno de los comercios más prósperos en casi una década.

Con la llegada y explotación del oro negro vino un supuesto progreso, maquillaron las viejas calles de tierra con capas asfálticas como soterrando los años buenos, empezó a cambiar el pueblo, y el agonizante ocaso de las célebres pulperías y grandes comercios llegaba a su fin, caminó el tiempo con pasos diligentes llevándose en sus alforjas una época dorada, ocultando en el manto penumbroso al Guasdualito de ayer, ya quedarían solo para el recuerdo aquellas órdenes expresas de aquellos progenitores y mayores: Ciro, Elubia, Josefa, Armida, Marcos, Rafael, vayan a donde Pedro, a donde el turro Nicasio o a donde Elías, y compren lo siguiente (…) Marcharon sin regreso aquellos bien recordados establecimientos, emigraron al reino de la nostalgia, cedidos en añoranzas de blanco y negro a unas la generaciones de oro guasdualiteñas, para ellos y para quienes sienten y aman a su pueblo en el corazón fue grafiada esta amena y espontanea reseña.

NOCHES, LUCES Y ROCOLAS

Guasdualito nocturno años 80. Obra cortesía: Argenis Rangel

BREVE PREFACIO.-

Si las grandes metrópolis tienen sus historias de lobas y lupanares, en menor escala los pueblos también tienen sus reláficas de noches azules, y Guasdualito tiene las propias, unas conocidas y otras escondidas. Atendiendo a la definición clásica, un lupanar, prostíbulo o mancebía, puede ser definido como el lugar en donde se practica el "amor" ocasional, allí admirables damiselas merecedoras de elogios carnales son pretendidas por ávidos visitantes, quienes envueltos en la seda nocturna van en busca de saciar sus apetencias amatorias. Y es que así como en un pueblo tienen vida activa sus elementos principales como los servicios médicos, comercio, centros educativos, entre otros componentes, no tiene entonces nada de extraño que, las de casas de amor y esparcimiento ocupen y reclamen un lugar secundario en la historia simultánea de nuestro pueblo.

AQUELLOS LOCALES.-

Siglos atrás el oficio más viejo del mundo ha estado presente en el historial de los pueblos, algunas veces tras cortina pero con presencia, de allí que no es errático afirmar que, en los tiempos de dominación hispánica existiese una que otra ordenanza que obligara a las casas de tolerancia a marcar distintivo, colocando una rama de un árbol en la puerta principal, de allí el origen etimológico de la palabra que mal designa a las hermosas damas de la noche. Llegado el siglo veinte Guasdualito era un villorrio totalmente campestre, casas de bahareque y palma, en donde la cotidianidad estaba influenciada por una actividad comercial básica impulsada por el arribo de los steams boats pertenecientes a la Compañía Anónima Venezolana de Navegación (CAVN), estas embarcaciones eran las encargadas de suministrar lo necesario en cuanto a mercancías y alimentos a los pobladores, aunado a esto, la actividad agraria radicaba en la explotación extensiva del ganado, mientras que la producción de cultivos tradicionales se desarrollaba a mediana escala.

Y dentro de lo habitual de las primeras décadas del siglo pasado, un factor era muy común entre hombres solteros, marinos de agua dulces, arrieros y peones, el lugar: la pensión de Magdalena Lara, más que un hostal rural era en su interior un lugar de carne, pan y vino, en donde al son del arpa, cuatro y maracas, esbeltas féminas desfilaban ante los ojos libidinosos de los concurrentes. Este local funcionó por la Costa del Caño hasta mediados de la década del treinta del siglo pasado, allí tuvieron protagonismo hermosas mujeres bautizadas con asignaciones faunísticas, entre ellas: la iguana (quizás por sus atributos traseros), la perica, la chiguira, la araguata, entre otras beldades, quienes dejaron sus recuerdos bien grabados en los asiduos visitantes a la casa del placer. Caso célebre fue el de un famoso ganadero perdidamente enamorado de una meretriz apodada la moto sierra, a quien le dispensaba todas las atenciones y suntuosidades, y a la cual visitaba de día y noche sin reparo alguno. Este mismo personaje llegó a cerrar el lenocinio exclusivamente para su peonada, la cual regresaba del difícil trayecto que implicaba la travesía por la Montaña de San Camilo, relumbrantes morocotas danzarían por las mesas y el mesón principal del bar de la sesentona Magdalena, para impresión de su amada alegre.

Caminaron las décadas y vino la metamorfosis de pueblo a ciudad intermedia, llegaron las empresas petroleras, creció el pueblo y aparecieron nuevos centros nocturnos, por mencionar algunos: El Pozón por la calle Aramendi, de apariencia moderada pero en la vieja función; La Cocuya de Juana Ramos, por la Costa del Caño; El Botiquín del Mejicano (con sus respectivas doncellas aztecas) ubicado en las adyacencias de lo que hoy es la plaza Boyacá; El Hijo de La Noche, por la calle Cedeño, transversal a la casa de los Oropeza; rumbo al barrio La Manga del Río funcionaron los harems de Pedro Gatel y de Domingo Pantoja (Domingo González), en el último antro fue famoso la esbelta catira apodada La Licuadora. Por el barrio El Gamero se encontraba el Maniadero de Noé Valbuena, que tuvo su fama consolidada por muchos años, allí La Tonina y La Gripe eran las principales magnetizadoras.

Entre los sesenta y setenta aparecería: El Manguito, en el lugar se enamoraría de una esbelta rubia el Hércules guasdualiteño Antonio Bazán, extraordinario pesista y boxeador de gran futuro, quien acabaría con su vida por motivos pasionales; este local también sería el sitio de preferencia de muchos excéntricos, uno de ellos el poeta Cesar Delgado (hijo de Casimiro) quien causaba sensación entre las cortesanas con su esplendida y vibrante interpretación del Duelo del Mayoral, del poema un extracto:

¡No se asuste señora!...
Son cosas pasadas.
Todavía en el suelo me dijo,
¡Quiérala...
Quiérala que es buena...
Quiérala que es santa...
¡Quiérala!
Quiérala como yo la he querido,
que aun muriendo la llevo en el alma...

Ese recital lirico era tarea obligada para el recordado trovador guasdualiteño, fama, aplausos, lágrimas y algo más, eran las ofrendas ganadas. En ese orden entraría en escena el reconocido Campo Alegre. Con los años surgirían nuevos centros nocturnos, nuevos espacios distintas funciones y ambientaciones modernas, locales como el Bar Plaza (billar) de Julio Cárdenas, luego de Pedro Méndez, El Caney (cervecería con pista de baile) del poeta Jesús Escobar, es de resaltar que este centro nocturno fue el numero uno por muchos años, y en el cual se presentaron grandes artistas nacionales e internacionales; Bar Mis Amores, en el barrio Los Corrales. La lista continúa: Bar Terepaima, La Cabaña, Come y Beba, Zambrano, Bar Mi Jardín por la carrera Arismendi, El Rincón (Discoteca-cerv) esquina Miranda con Aramendi, Brisas del Lara, ubicado por la carretera nacional; Doña Pola por la avenida El Marqués del Pumar, y más recientes fueron: El Conuco, El Rincón del Coleador, Hostería Mágica, La Llovizna de grato recordatorio el club social de Pelón en La Manga del Río, así como el estadero de doña Leopolda, entre otros fanales que se escapan a los recuerdos.

EL CINE EN GUASDUALITO

Entrada a la calle Sucre, en la infraestructura funcionaria el cine de los hermanos Carpios (Marcos y Oscar) en los años 40 del siglo pasado. Foto cortesía Exer Fulco

EL INICIO

Si impactante fue la proyección de un corto de pocos minutos por parte de los hermanos Auguste y Louis Lumière en París el 28 de diciembre de 1895, inquietante también sería la noche del 20 de diciembre de 1928 en un recóndito lugar del mundo llamado Guasdualito, al sur occidente del estado Apure (Ven) el motivo: la proyección en las inmediaciones del viejo cuartel de la película mexicana en cine mudo El Grito de Dolores, argumentada en el llamado del cura Miguel Hidalgo y Costilla a sus parroquianos en 1910 con el fin de que se levantaran en armas contra el Virreinato de Nueva España. El proyectista del film el doctor Ramón Armas, sugestionado por la novedad que implicaba el pasatiempo para la época, había adquirido vía encargo un proyector cinematográfico de zoopraxiscopio, de los mismos inventado por el británico Eadweard Muybridge en 1879. Un mes antes a las barrancas gamereñas a bordo del vapor Arauca había arribado el complicado aparato envuelto en sus cajas originales. Desde muy temprano el alboroto en el pueblo de cuatro calles y unas cien casas era total, ya en la hora séptima del amparo nocturno en una concurrida plaza Bolívar bajo estrellas y luceros el silencio expectante era el dominador en los asistentes, incluso se llegó a especular a baja voz sobre lo anunciado por el profeta Enoc en sus no pocas pasmosas predicas, y en especial una de ellas: "Oíd, el fin estará cerca cuando el hombre este preso en los cajones y hable". En aquel Guasdualito casto y apacible la profecía no se cumpliría, lo que si cumpliría de forma programada y puntual seria el arranque de la proyección, contando con la presencia de la primera autoridad del pueblo y la comparsa de personalidades. Ya en el desarrollo de la producción gritos de asombro y sobresalto por parte de los más inocentes influirían para que el doctor Armas detuviera en varias ocasiones la presentación. Dos meses después por disposiciones de la junta de salud pública del estado el galeno proyectista le diría adiós al pueblito ribereño, quedando Guasdualito huérfano de cine.

EL CINE CONTEMPORANEO

Desde aquella prodigiosa noche de mediados de los años veinte (20) del siglo pasado transcurrieron dos décadas y algo más para que los recordados hermanos Tomas Antonio y Marcos Carpio, hijos de doña Antonia, al igual que Consuelo (madre del estimable ganadero Oscar) familia venida a Guasdualito desde Ciudad Bolívar entre 1919 y 1920, emprendieran la empresa cinematográfica en el villorrio, ya Tomas por ser operador de uno de los steams boats (barcos de vapor) había visitado en varias ocasiones el enclave. Eran estos hombres hábiles e idealistas que llegarían para quedarse. El cine de los Carpios, como fue llamado y conocido iniciaría funciones en el mes de marzo de 1941, esa noche se vestiría de gala el pequeño anfiteatro, sus butacas de madera, piso adoquinado, dos ventanas y un cortinón rojo eran parte de la instalación que aguardaba a unos impacientes espectadores, quienes pudieron disfrutar del clásico mexicano "Flor Silvestre" dirigido por Emilio Fernández y protagonizada por la deidad Dolores del Río y Pedro Armendáriz. Todo un acontecimiento en un poblado con anhelos de desarrollo y avance. Esta primigenia sala ubicada por la avenida Miranda con cruce a la carrera Sucre se convertiría rápidamente en punto de encuentro social y familiar, estirpes de todos los estratos se catequizaron como asiduos a las proyecciones del séptimo arte, no se pecaría en palabras en afirmar que el asistir a este cine popular era todo un ritual colectivo, cuyas pautas se cumplían al pie de letra llegado el día viernes, jornada de la única función.

Llegaría la década del cincuenta y con ella los llamados años felices. Por disposición y acuerdo mutuo los Carpios ceden en venta el proyector y sus componentes al ganadero Daniel García, hombre que aportó en consideración al desarrollo del Guasdualito contemporáneo (deuda pendiente su publicación). Nuevos años, nuevo dueño y nuevo local. La nueva sala seria bautizada como El Cine Victoria, situada la misma casi al final de la avenida Miranda, exactamente en donde otrora fuera la sede de un partido político de tendencia demócrata (AD). De construcción sencilla y simple, su descripción sería: casa de bahareque con amplio patio y paredón de bloques colorizado de blanco, en cuanto a los asientos los mismos iban desde latas vacías de kerosene, sillas de cuero curtido, toletes y en lo que se pudiera disfrutar de aquella hora y media de la laminillas fílmicas. Como operador la responsabilidad la tendría Adelso Panza, a quien posteriormente don Daniel entregaría en consideración y aprecio la pequeña cinemateca. De ese recinto son muchas las anécdotas por recordar de aquellas generaciones de guasdualiteños quienes tuvieron la oportunidad de colarse por el famoso hueco de una de las paredes del contorno, así como la subida por el frondoso árbol cuyas ramas permitía a los moceríos ver desde allí la proyección sin costo alguno en el horario de 8 pm. Para Panza esto sería una lucha obsesiva y sin descanso, al punto de colocar en el coleadero baja electricidad y excretas humanas en el solar, para así detectar en plena función a los posibles infiltrados. Este slogan lo deben de recordar muchos de esa incubación: amigos damos terminada la música y con ustedes la película…era el lema de Pancita, una época dorada, ajena a tecnologías y afanes desmedidos. Mención aparte pero en el contexto, es el hecho que un personaje de avanzada llamado Guillermo Gutiérrez, adquiriría en los Estados Unidos un proyector de fotografías al cual hacia adaptaciones especiales para que lo proyectado pareciera dinámico, y así dar la impresión de imágenes fílmicas, todo un espectáculo resultaban estas proyecciones acompañadas por la tertulia familiar y cercana.

En medio de una cotidianidad sin sobresalto arribaría el año 1960, y con el llegaría el emérito profesor Eliezer Pinto, acá un intersticio para un énfasis. A este insigne neogradino el pueblo de Guasdualito le debe merecida gratitud por su magno aporte educativo, cultural y social. De alta intelectualidad y enfoque, lograría el funcionamiento en la vieja casa de los Grieco del paraninfo Liceo Libertador, templo ateniense del saber en donde varias generaciones fueron formadas con ahínco y esmero. Pinto gracias a su universalidad entendería bien la importancia de la cinematografía como elemento culturizador para la sociedad de nuestro pueblo, por ello, principia su sala de cine por la añeja calle Cedeño, exactamente en donde hoy funciona la oficina de la línea de Expresos Los Llanos, para la época su ambientación quizás fue la más acorde para este tipo de recinto, contaba con una moderada sala pero dotada de muy buena acústica. Su piso y techo (cielo raso) eran de madera, su capacidad era aproximadamente de ciento cincuenta butacas. Se proyectaban dos películas semanales prefiriéndose cine mexicano y del viejo oeste.

En los setenta entraría en funcionamiento el cine del nicaragüense Carranza, ubicado frente a la Plaza Bolívar a escasos metros en donde hoy día funciona la Casa de La Cultura. Como operador del proyector estaría el tachirense Pastran y el célebre Luchina, mientras que en la venta de boletos laboraría José Luis Torres "El Conejo". Este sitio se consolidaría por muchos años como el mejor cine de Guasdualito. Las películas exhibidas provenían de San Cristóbal y Barinas, esto tenía sus implicaciones, una de ellas era el frecuente rompimiento (por uso) de las cintas en los momentos de mayor emoción y suspenso, situación que enardecía a la audiencia, y que ameritaba la rápida actuación de los operadores para solventar el imprevisto. Una anécdota rescatada por quien esto escribe fue la relatada por el conejo Torres, la cual se trae a referencia: "en cierta oportunidad se proyectaba una película de terror, no cabía una alma en el cine, sucedió entonces que en el fondo empezaron a moverse las imágenes de forma extraña, esto empezó a preocupar a algunos, pasados un par de minutos se oyó el grito aterrador de uno de los asistentes, lo vociferado: SE ESTA ACABANDO EL MUNDO, ESTA TEMBLANDO, SALGAN DE AQUÍ SI QUIEREN LA VIDA. Lo sucedido luego fue una estampida de personas aterradas por la advertencia desmedida de quien sabe echador de broma; atropellos, caídas, dolores y moretones era lo observado, algunos quedaron atrapados en el local, incluso hubo casos de desmayos. Ya pasada un poco la parafernalia, una jerga de frustrados cinéfilos darían con la causa y el efecto de aquel apocalipsis: UNA COMPACTADORA, la cual estaba densificando el suelo por la metida del sistemas de cloacas en una carrera cercana, hacia allí se dirigieron, el operador viendo a la enardecida muchedumbre no le quedo otra que dar pie a la huida para así evitar la reprimenda. En este orden, el cine de Carranza fue el sitio de intercambio de aquellas famosas historietas como: Arandú, Santos, Juan Sin Miedo, Kalimán, Águila Solitaria y los ejemplares de Marcial Antonio Lafuente Estefanía, popular escritor español de novelas del viejo oeste, considerado el máximo representante de esta variedad en el continente latino.

Un año después de la llegada de la séptima década del setenta iniciaría funciones (1971) de manera soberbia el Teatro San Martin, en espacio anexo al Colegio Santa Rosa de Lima, esta fundación de hermanas dominicas dirigida en ese entonces por Sor Consolación Pérez otorgaría el visto bueno para ofrecer un lugar de sano de entretenimiento a la comunidad. En los años sucesivos esta sala entraría en comodato al señor Rafael Ochoa, siendo sus operadores Egdar Ereú, Asdrubal y el Negro Orangel, apellidos de los dos últimos perdidos en el trasiego del tiempo. Ya en los ochenta el cine local se concentraría en el Cine de Carranza, sala que permanecería en función hasta mediados de los noventas del siglo pasado, pero ya con poco auge debido a la aparición años atrás de la televisión, y luego del Betamax y VHS, sistemas de entretenimiento de considerada duración, quedaría Pastrana por la calle Bolívar detrás del grupo Aramendi resistiendo las embestidas tecno comunicacionales, hasta la desaparición del cine en Guasdualito entrando la última década del siglo veinte. Un renacer de esta actividad fue la vista por mis ojos hace unas semanas frente al imponente San Martin, ojalá y el renacimiento se logre.

TIEMPOS DE SERENATEROS

Serenateros Julio Ramos, Negro Ortiz y Lucila Otiz. Años 70

Afirmaba época atrás el casto trovador Manrique: "soy hijo del genio, y pertenezco a la aristocracia del talento, por eso me bastaría trascender y ser recordado sin títulos literarios, sin antecedentes políticos y sin riquezas, al sorbo de un buen recuerdo entre buenos amigos". Y trascenderán en las eras nuestros serenatareros, aquellos bohemios pueblerinos que movidos por la sublimidad humana tenían en esta tradición la forma de expresar sus sentimientos de adhesión, cariño, perdón, reconciliación y admiración para con lo más bello de la creación divina como lo es la mujer.

Por serenatero se entiende al intérprete de alguna composición lirica musical, quien en la argenta nocturna, serena y calmada que bajo el fulgor de la diana sideral y la ringlera estelar dedica su interpretación a una bella mujer, inspiración humana que le despierta los sentimientos más profundo y sensibles. Y de estos peculiares trovadores se tiene que escribir para que la romanza y sonata guasdualiteña no muera, al contrario resurja en las nuevas generaciones de poetas, músicos y trovadores locales. Referirse a los pioneros de esta tradición musical y, que no se escape algún nombre es tarea difícil, siendo que cada lapso de tiempo tiene sus propios intérpretes; de antemano se hace la salvedad por no señalar a todos. Se opta por mencionar a los que el recuerdo y la indagación permiten: Juan Telesforo Lara, magistral clarinetista y excepcional ejecutante de la flauta, el oboe y el fagot, así como con sus manos ejecutaba estos instrumentos de viento y madera, igualmente empuñaba con ellas las riendas del mostrenco en la travesía por la montaña de San Camilo, con sus generacionales organizó una rondalla que recorría en las horas de queda las calles de tierra, llegando a los ventanales de las pretendidas damiselas con fines de enamoramientos con sus músicas y voces. No puede dejarse por fuera de esta reseña a los Braidi, Padilla, Hernández, Bocaranda, Ruiz, Peñaranda, Aulo Moreno y tantos mas, que inspirados por las membranas fílmicas en blanco y negro de los charros mexicanos, se encargarían de sorprender a las jóvenes galanteadas con las canciones de moda, a la espera de que ellas, a escondidas de sus padres encendieran por segundos la luz de sus habitaciones o sala como señal de que las serenatas les había complacido.

En continuidad con esta índole, es justo mencionar al primer arpista serenatero de la contemporaneidad, nos referimos a Octavio Lamuño, personaje muy apreciado por los cantadores nocturnos, que a pesar de sufrir una traumática enfermedad en sus extremidades inferiores y superiores ejecutaba de forma virtuosa el arpa llanera llegando a ser muy solicitado, su medio de movilización era montado una carretilla de madera, la que conducían aquel jolgorio de muchachos, muchas veces Octavio terminaría la ronda serenatera arropado con la tierra greda, víctima del volcamiento del carretón, ocasionado el accidente por el aturdimiento etílico de sus acompañantes o por la culpa de algún espanto llanero. Mención especial merecen el recién fallecido Elías Ruiz, además de experto relojero fue un destacable ejecutante de instrumentos de cuerdas; el negro Manuel Amador Ortiz, virtuoso de la guitarra, quien junto con Cesar "Curito" Peñaranda llegarían a ser los serenateros más solicitados de su época. En el mismo orden, Manuel Pumar, el maestro Marcos Hernández, Cesar Sanabria, Astroberto Lezama, los hermanos Mirabal, el guate Presente, Cheo Lanz, Elio Calderón, Pedro María Núñez, Marcos Hernández Brito, Armando Hurtado, los hermanos Montero, Rafael Lezama, Kiko Rincones, Oswaldo Bracho, Chicho Rincones, Eduardo (Lulo) Arroyo, Alí Silva

Aranguren, Ricardo Becerra, Emilio Antonio Abunassar, los hermanos Márquez y el maestro Adelmo Carrillo, quien con sus rancheras de Javier Solís, conquistaría los corazones de más de una princesa llanera en sus años mozos.

Serenateros también fueron muchos, y esos muchos ya partieron, mientras que otros aparecieron con los años, como el caso del excelente trío El Baúl de Los Recuerdos, siendo sus integrantes fundadores Cesar Peñaranda, Anselmo Mendoza y Edgar Taquiva, incorporándose luego Nixon Carrillo. Vendrían luego Luis Carrero, el Negro Cabriles, Armando Cupertino entre otros ruiseñores. Lamentablemente la cibernética ha ido automatizando o idiotizando a nuestro tiempo y con el tiempo a nosotros mismos, ahora las serenatas modernas son una total mutación al estilo del doctor Frankenstein, no requieren de instrumentos y menos de cantantes, ahora las encargadas de las serenatas son unas descomunales cornetas encajadas en los automóviles, emitiendo sonidos estrambóticos y ensordecedores cuyos intelectuales interpretes vocalizan letras absurdas y sin sentidos, como esta que dice: Yo soy su nene, sé que eres el que la mantiene, pero conmigo es que se viene" y "Bájate la falda, quítate el sostén". Siendo obligada la pregunta: ¿Qué pensarían nuestros viejos y verdaderos serenateros de estos chiflados desenfrenos?

EL PERIODISMO IMPRESO

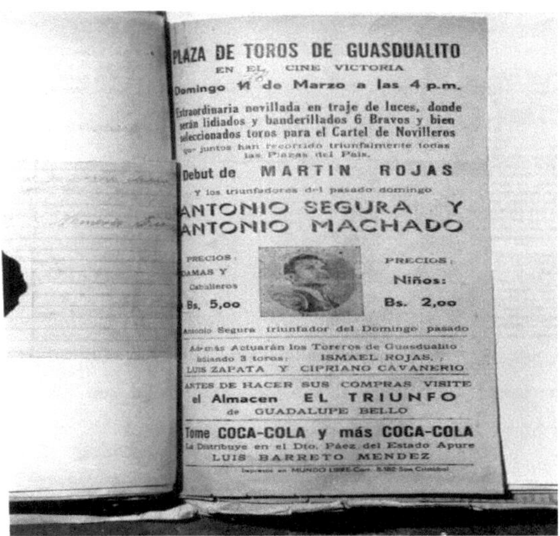

Gacetilla de los años 50. Foto cortesía Genaro Labanchi

A Guasdualito llegue
a escribir sin escritura,
aquí me dijo la luna
aquí me dijo el lucero:
aquellos tiempos se fueron
recuérdalos con tu pluma.

Sobre la actividad periodística impresa en Guasdualito durante el siglo pasado es meritorio hacer referencia, ya que como concepto fundado en la compilación y observación de la información en cualquiera de sus convenciones, exposiciones y variedades, este ejercicio informativo ha contribuido de una forma u otra a la inclusión de la colectividad guasdualiteña en la estructura socio cultural, sirviendo de exponente de sus demandas informativas y aspiraciones de avance. Quizás no en forma regular pero si en la alternancia de nuestra contemporaneidad el llamado Cuarto Poder ha estado presente, ya para inicios del siglo XX un grupo de comerciantes visionarios venidos de Cúcuta y San Cristóbal en compañía de algunos ganaderos locales vieron con beneplácito la creación de un impreso local que recogiera los aconteceres cotidianos del entonces apartado villorrio conocido como Guasdualito. Logrado el consentimiento del clérigo agustino Daniel Delgado, sería el 08 de enero de 1903 cuando aparece la gaceta "La Voz del Sarare", como primer gacetillero seria el mismo Delgado, quien en una síntesis bien sucinta expondría lo siguiente: "El pueblo en sí, es el más importante del contorno, en consideración que carga a su espalda una acumulación histórica de trascendencia". Agregaría al contenido una somera descripción del poblado: en cuanto a las casas o moradas son de construcción liviana, cuyo elemento principal es el vetiver, calles donde se observan empàlizadas y mangas de bambú o alambre de púas, lo que delata la presencia del ganado rielagengo, posee una pequeña iglesia sosegada y espaciosa para cubrir imperiosa necesidad. (Delgado: 112). El manuscrito tendría circulación mensual hasta 1910.

Desde aquella culminación periodística franquearían seis años para que en 1916 surgiera el manuscrito "Ecos de Páez", este nuevo armónium seria promovido por la municipalidad encabezada por Anastasio Sánchez (presidente) Natividad Espinoza (procurador) Silverio Agüero (vocal) siendo secretario Víctor Terán. Impreso en la capital del Táchira, el hebdomadario tendría una total aprobación, allí tuvieron cabida opinadores de distintos sectores incluyendo los que adversaban al caudillo presidente Juan Vicente Gómez, a baja voz se comentaba que desde el Arauca y el Casanare algunos intelectuales venezolanos refugiados del otro lado del río, con seudónimos alegres y menudos eran los autores de las puntas de lanzas escritas contra el dictador. El boticario Agüero expondría en el diario lo siguiente: "La vía de San Camilo es el terror de los comerciantes de ganado, pues ha devorado capitales inmensos y como una inmensa boa seguirá devorándolos si el gobierno no remedia esta situación". Esta afirmación escrita concordaba con el informe de la municipalidad en donde se expresaba que aproximadamente el 10% de la carga vacuna hacia la villa de La Concordia perecía en el angustioso trayecto por recuas infernales.

Llegaría el 19 de junio de 1921, y con la fecha el dantesco ataque a Guasdualito encabezado por el doctor Roberto Varga (El Tuerto), secundado por los generales Fermín Toro, Emilio Arévalo Cedeño y Pedro Pérez Delgado (Maisanta) entre otros alzados, cuya utópica visión quedaría cegada definitivamente con la derrota impuesta por los bizarros soldados acuartelados al mando de los generales Pulgar, Giménez y Ramírez. Para la fecha circulaba mensualmente el diario "El Sol" a cargo del padre Francisco Contreras, el religioso luego de la batalla estamparía una crónica sobre el suceso, quizás lo más real y vivido, que demuestra fidedignamente lo cruento de aquella carnicería humana, expondría en el periódico lo siguiente: ese día será el más recordado hasta el final de la historia de este pueblo, lo mas bárbaro y violento que podrían ver mis importunados ojos... el saldo: 200 muertos, más de 100 heridos y un pueblo totalmente hecho muerte. Este Contreras por vínculos con Arévalo Cedeño seria proscrito a una población del estado Bolívar, no sabiéndose mas sobre él, se conjetura que quizás su vida haya terminado por los plomos de alguna guardia de fusilamiento gomecista.

Luego del suceso histórico y calmada la baraúnda, sale a la luz local el 31 de enero de 1924 el periódico bautizado como "Aganipe", cuyo propietario era el comerciante e impresor Francisco Antonio López, su descripción: cuatro páginas con dieciséis cuartillas, a un precio de un bolívar, la suscripción seria mensual debido a que la impresión se efectuaba en la tipografía Italo-Vene, propiedad del italiano Migliolo. Algunas noticias reflejadas en este diario se citan a continuación:

-Este 12 de marzo del año en sucesión se inaugurara en Guasdualito el alumbrado de acetileno, con capacidad para 25 lámparas, el horario de encendido será de 7 a 9 de la noche por ordenes de la primera autoridad general Carlos J. Falcón.

-Se culminaran los trabajos de construcción del terraplén desde la esquina de la casa de don José Antonio Grieco hasta la orilla del Sarare.

- Concluida la casa de gobierno a un costo de 50.000, 00 bolívares, se prevé la inauguración el 20 de febrero de 1924.

Con el correr de las décadas surgirían: el ABC (1920) El Titirijí (1925) de tendencia humorística, nacidos ambos en la imprenta de José Grieco, como linotipista estaría Juan Lima, luego llegarían: Ariel (1928), Ecos del Llanos (1930), Claridad (1936), Antorcha (1955), para la sexta década del siglo pasado entraría en escena el semanario Alto Apure (1963) siendo su primer director el recordado Ramón Niño. Mención especial merece el guasdualiteño Lázaro Ezequiel Hernández (1923), primer oriundo de este terruño en alcanzar el título de periodista en la Universidad Central de Venezuela (1958-1962) con la primera promoción Dr. Héctor Mujica. Iniciando los ochenta el periodismo impreso tendría nueva forma con la revista Travesía, cuyo director y propietario seria el guasdualiteño Cecilio González, ya en los 90 en la misma onda aparecería el magazine Tolvaneras, propiedad del educador palmariteño Ignacio Barco Lara, esta impresa gozaría de buena aceptación por la ávida colectividad de lectores locales. En 1998 irrumpe en la cotidianidad pueblerina el periódico "El Huracán" dirigido por los meritorios profesionales Arles Pérez (director) y Rubén Gómez, cumpliendo su papel informativo con criterios de responsabilidad y veracidad. En cuanto al siglo XXI, las nuevas formas comunicacionales (redes sociales) han sido aliadas de las nuevas generaciones de redactores, articulistas y corresponsales orientados a mantener informado al conglomerado guasdualiteño

LOCHAS Y AREPITAS DULCES

Final de la avenida Miranda. Años 50- Pintura de Argenis Rangel

INTRODUCCIÓN.-

Aquellos años fueron clementes y magnánimos, años que marcharon al confinamiento sin despedidas, años animosos que tuvieron alegrías y dejaron tristezas, abriles que desprenden nostalgias primaverales y que hienden con el impulso del tiempo hacia el Guasdualito de las cinco primeras décadas de la centuria pasada, años que no fueron míos, pero que siento tan míos como lo sienten los postrimeros redivivos del pueblo bueno, para ellos la dedicatoria de esta llana publicación.

RETROSPECTIVA.-

Aquellos años. Ya a las tres de la madrugada y con el primer canto del gallo, los dueños de hatos y fundos cercanos a Guasdualito animaban a sus trabajadores a levantarse para sus faenas, entre ellas el ordeño y arreo de ganado. Con retintines y sarcasmos, la peonada se amontonaba en el rededor de la cocina a la espera de saborear el aromático café, hecho con media leña ardiente en el fogón por esmeradas cocineras, luego la misión sería dirigirse al pequeño poblado de cuatro calles de tierra, con su iglesia, prefectura y puerto, a vender el producto lácteo y, otros con el enrumbe de vacas viejas, horras o con ubres malogradas a ser beneficiadas en el matadero del pueblo para posteriormente ser expendida la carne en el lugar conocido como La Pesa. Lo seguido era la algazara de jóvenes y adultos solicitando: don José: tres kilos de pulpa y dos de hueso; don Pedro: dos kilos de sesina sin pellejo, por describir la habitual feria de la Pesa, en la cual nunca estuvieron ausentes los vendedores de arepas fritas, jugos, atoles, y chichas, vendidos estos tentempiés a precios módicos.

LAS AREPITAS DULCES.-

Y con la alborada también se iniciaba la preparación de arepitas fritas (dulces y saladas) en los diversos hogares que tenían en esta moderada actividad productiva una forma de generar ingresos extras. Manos laboriosas y expertas eran las encargadas de amasar y aderezar al punto el demandado aperitivo tempranero. Olor a rica fritura era el aroma de bienvenida al nuevo día. El precio promedio de estas exquisiteces entre los años 50 y 60 era de una Locha, lo que era igual a 12 ½ céntimos; esta locha al igual que la Puya, con valor de 5 céntimos eran las monedas de menor valor monopolizadas para el comensal madrugador. Las lochas de los niños y muchachos de esas generaciones iban a parar a la caja registradora de Elias Galvis, propietario de una surtida bodega ubicada por la Calle Real, o en la faltriquera de la recordada Domitila Franco, ubicada su venta por la calle Vázquez frente a la casa solariega de Julio Franco; otros guardaban con celo sus lasunes para en la hora del receso escolar dirigirse a donde la gaga Josefa, hacendosa mujer quien subsistía gracias a la venta de arepitas dulces y saladas, su sitio habitual de venta era su casa de habitación frente al grupo Aramendi, lo que le aseguraba clientela fija.

Otros puntos de venta y de asidua concurrencia eran los portales de María Leal y de la familia Bustamante. En la época navideña luego de las misas del gallo el sitio obligado para degustar arepitas dulces fritas con anís, abombaditas y también las saladas era la casa de Saba Robayo, el calificativo de lo vendido era de extrema aceptación. En el tenor, por la calle Sucre en casa de la familia Hurtado, diagonal a donde un día funciono "Foto Farfán" la jefa de hogar y sus hijas preparaban unas deliciosas empanadas rellenas con carne, siempre al mismo precio de una locha, de esta forma la sana competencia del producto era por sazón y sabor; no se puede culminar con el articulo sin mencionar las arepas fritas dulces y saladas con queso preparadas por las matronas Inés y Angélica Oropeza Lezama, las que vendían Mecho, Rafael y Miguel Ángel, contribuyendo esmeradamente con la economía familiar. Hoy día lo observado en las esquinas del pueblo es la venta excesiva de otras frituras, vemos en kioskos y vendedores ambulantes la oferta de papas rellenas colombianas y tequeños andinos, las arepitas fritas de aquella época fueron desterradas, o emigraron hacia otras latitudes.

INDUSTRIAS EN GUASDUALITO

Calle Real. Años 50. Foto cedida por Armida Gutiérrez

Marcha el tiempo sin esperas
y el recuerdo en antagonismo
acude en protagonismo
y yo a escribirte Periquera.

PREFACIO.-

Dos aspectos importantes para dar a conocer del pasado contemporáneo de nuestro pueblo, y que merecen indagación, escritura y lectura son los referentes al desarrollo industrial y el concepto de pulperías, a tal fin, el autor de estas líneas presenta a continuación un primer prolegómeno sobre el nacimiento y auge de la actividad industrial, esperando que lo aquí presentado sirva de referencia para otros escribientes ganados a resaltar lo merecido y trascendental de nuestro terruño. De tal forma, invitamos a los leedores a trasladarse en el tiempo y a conocer parte de los pormenores del Guasdualito industrial y sus despensas comerciales.

EL GUASDUALITO DE INICIOS DEL SIGLO XX.-

Con el devenir azaroso del siglo XX el país se preparaba para la transición de una economía netamente agrícola, cuyo fuerte era la producción del cacao y café, a una economía de manufacturas y mineral, sumándole la explotación ganadera de forma extensiva. El Guasdualito de inicios del siglo pasado meramente era un pequeño y apartado villorrio cenagoso en invierno y polvoriento en verano, azotado cuando no por epidemias palúdicas, por los estragos causados por facinerosos guerreristas que encontraban en el pueblito de cuatro calles angosta, con asentamiento en retículas, con una iglesia, una pulpería y un terraplén para el rio, el punto de encuentro y aliviadero para enarbolar utopías o quimeras revoltosas, que a la postre fueron borradas de las faz terrestre por la mano firme del dictador de turno general Juan Vicente Gómez.

EL APORTE ITALIANO.-

La primera década arribaría con grandes expectativas a la aldea conocida igualmente como Periquera. Seria en 1910 cuando inicia la oleada migratoria de los continentales a la capital del municipio Páez (Guasdualito), diversas fuentes tanto bibliográficas como verbales coinciden en señalar que entre los aventureros patriarcales que arrancaron sus raíces y que decidieron cruzar el océano para posteriormente adentrarse y aventurarse en el Alto Apure, en busca de mejores oportunidades fueron: los Grieco (José Antonio, Giussepe y Nicola), Labanchi (Cayetano padre de Genaro), Fulco (Giussepe, Francesco y Pedro), Guarino (Francesco y Vicenzo), Migliola (Giovani y Andrea), Maiorana (Ruggerio), D´Stella (Vittore transliterado Victor Donato), Laporta (Juan y Francesco), Panza (Pascuale y Matteo); otras genealogías que se mezclaron con la raza criolla fueron Lamoglia, Portela, Lomónaco, Caroprese, Baggio, Ballesteros, Logiodicce, Fontana y Collazo. El mayor porcentaje de estos mediterráneos emprendedores se concentró en actividades comerciales, agrícolas y de servicios terciarios, consolidándose sus empresas y propiedades agrícolas en la mitad del siglo XX, alcanzando gran auge en la incipiente economía local. Con el paso de los años debido a las precariedades rurales muchas de estas familias se vieron en la obligación de desplazarse hacia los centros urbanos más cercanos (San Cristóbal, Barinas) o cruzar la frontera para establecerse en la otrora intendencia y hoy Departamento de Arauca.

EL APORTE CRIOLLO Y SIRIO.-

Crecía el pueblo y con él la industria pueblerina, el contagio por la actividad comercial llegaba con los barcos de chapaletas (steam boats) de la Compañía Anónima Venezolana de Navegación (CAVN), los cuales traían desde el estado Bolívar mercancías, equipos y suministros necesarios para la confección y manufactura de los primeros productos como el pellón y la alpargata llanera, en el primero doña Ana Ojeda y Heriberto Rondón ganarían las preferencias locales por sus impecables manufacturas en aperos (fustes, corazas, bozales, correas etc). En una época de florecimiento económico la confección de prendas de vestir ganó protagonismo al punto de tener vida activa la industria textilera Damasco, propiedad de un par de árabe venidos de Siria, de nombres Hasim y Abdul, estos modistos moros ganaron notoriedad y dinero por ser los únicos en atender la demanda del buen vestir en aquel Guasdualito, tanto italianos, andinos y llaneros acudían regularmente a su empresa ubicada por la Calle Real con el fin de ajustar medidas para la elaboración de sus trajes y vestiduras.

Otras industrias célebres durante las cuatros primeras décadas del siglo pretérito fueron: la industria panadera que, aunque en forma artesanal tuvo su rentabilidad y prosperidad, el resultado del hornear el trigo era un exquisita hogaza amasada por las manos de Chepita Trejo y Damasita Patiño, estas dos horneras empíricas captarían clientela inmediata después de abrir las puertas de sus negocios, allí llegaban los zagaletones vendedores de leche después de vender el producto a pedir una locha de pan dulce o un bolívar de pan bastoncito, para luego saborearlos en sus casas con café con leche, todo producido en Guasdualito y sus contornos. En cuanto a la industria ganadera, esta era el sector principal de la economía particular, la explotación del ganado vacuno en modalidad extensiva (grandes hatos) aseguraba a propietarios atractivas ganancias, tanto así que ganaderos como Enrique Hurtado, Juan Martínez, Oscar Carpio, Manuel Fuentes Gilly, Francisco Padilla, Lorenzo y Jesús Zapata, Víctor Lozada, Ángel Ignacio Moreno, por solo mencionar algunos, lograron consolidar sus capitales con tesón y trabajo, aportando no solo a la villa de San Cristóbal el aporte carnícola, sino al contexto local con los derivados del producto vacuno, de aquellos grandes hatos como Las Angosturas, El Temblador, El Caimán, Hato Nuevo, El Palito, Campo Alegre y Guafita, La Victoria y El Torreño solo quedarían los cuentos y corríos sabaneros. En torno a La Pesa, que fue la denominación del establecimiento industrial primigenio, sería durante el mandato del nacido en la hacienda La Mulera general Juan Vicente Gómez, cuando por decreto oficial se constituye en 1928 la Pesa de Guasdualito, destinada la misma al expendio de los diferentes tipos de carne destinados al consumo humano, sin embargo, siendo la zona una productora potencial de ganado vacuno, predominaría la venta de carne de res. La primigenia infraestructura bien pudiera definirse como incipiente y ordinaria, siendo que no era más que una casa de bahareque con techo de palma, con un expendedor de bloques y ganchos de acero, en la que desde las primeras horas del día los ricos ganaderos de la época procuraban, ya pagado el impuesto requerido, beneficiar y vender sus reses viejas, horras, o que no pudieran lactar terneros. Lo seguido era la algazara de jóvenes y adultos solicitando: don José Fulco, tres kilos de pulpa y dos de hueso; por describir la habitual feria de la Pesa, en donde nunca faltaron los vendedores de arepa frita, jugos, atoles, y chichas, vendidos estos refrigerios a precios módicos. Con las décadas se consolidaría como el centro de abastecimiento proteico de los habitantes del pueblo rural y semi urbano. Otro punto de referencia obligado en el contexto, es la residencia La Estación propiedad de los esposos Padilla Hurtado, allí para aquellos años funcionó una fábrica de jabones comercializados a nivel local y extraurbano, además de llevarse a cabo una producción a mediana escala de panelas, las cuales eran empaquetadas en bultos de cuarenta unidades, siendo comercializadas con gran éxito, posteriormente don Francisco ampliaría su actividad comercial estableciendo un negocio de mercancías secas con todo lo necesario para los hatos y fundos cercanos.

LA ACTIVIDAD COMERCIAL.-

Pasaron los años y arribaría la década del 50 con pleno dominio de la actividad comercial, emprendedores como Juan Trejo, quien además de dedicarse con éxito al manejo de su muy surtido almacén fungiría como Registrador Sulbarteno; José Braydi, libanes con gran habilidad productiva que igualmente puso por la Calle Real su establecimiento; Daniel García, vigoroso ganadero recordado también por su empresa La Estrella Roja; el trujillano Antonio Bocaranda, Valeriano Moreno, dueño de la única librería para la época, Emilio Abunassar Tabalach, palestino honesto y probo, fundador de un prospero almacén; Eloy Filardo, cuyo importante negocio fue emblemático, el cual estaba ubicado frente la esquina de Elías Galvis, don Lorenzo Roca, los panaderos Urrutia y Eduardo Collazo, Alfonso Padilla, Publio Gudiño, Numa Gatriff (constructor y hotelero) Luis Barreto Méndez, de este ultimo pudiera escribirse mucho, su óptica y habilidad para la inversión lo llevaron a poner en marcha el primer pastificio del estado y quizás del sur del país, así como lograr el funcionamiento de una embotelladora de la Coca Cola entre otras iniciativas exitosas, los hermanos Carpios, Cesar Michelangelli, Alfonso Roa, Uban Jimenez, el lusitano Da Silva por resumir, fueron los impulsores del comercio de los años 60 y 70.

LA EXPLOTACION PETROLERA.-

En referencia a la industria petrolera el antecedente se remonta al año de 1934 siendo aun presidente del país el andino Juan Vicente Gómez, en febrero de eso lapso se inician en sabanas de Mata de León labores sismográficas en búsqueda de yacimientos de oro negro, camiones de la empresa Soconi C.A cargados de sofisticado equipos se internarían en esas soledades con el objeto de realizar las primeras exploraciones que dieran con depósitos del crudo, pero no sería hasta el año 1984 cuando se inicia de forma oficial la explotación del mineral, siendo Coorpoven, filial de la estatal PDVSA, la encargada de manejar la explotación del crudo liviano de unos 30 grados API, construyéndose posteriormente el oleoducto que va desde el campo Guafita a Barinas, llevándose nuestra sangre negra para depositarla en la refinaría El Palito ubicada en Puerto Cabello.

Puede apreciarse en el ajustado resumen, que a pesar de las taxativas de aquellas épocas, el proceso y desarrollo industrial encontró cabida en nuestro pueblo, floreciendo y teniendo cúspide durante largo tiempo, esto gracias a emprendedores y visionarios de avanzada que confiaron en las ventajas, recursos y potencialidades de nuestra tierra; hoy día el esfuerzo de pocos empresarios locales y venidos de otras latitudes nos recuerda que con la conjunción de criterios y esfuerzos esta tierra bendecida por la Providencia Divina puede salir adelante aprovechando su valioso potencial humano y recursos naturales; no es cuestión de ucronías o facundias, somos el ave fénix de los pueblos llaneros, como lo expresó alguna vez un dilecto amigo ya partido de esta dimensión. Para finalizar, como he pregonado siempre a los cuatro vientos, con planificación, unión y voluntad Guasdualito se convertiría en un punto estratégico de desarrollo sustentable con impacto regional y nacional, querer es poder.

EL CAMINO GANADERO
"LA ODISEA POR SAN CAMILO"

Cruce de ganado por La Manga del Río, años 50. Cortesía: Armida Gutiérrez.

PREÁMBULO.-

Lo que se conoció como camino ganadero, y que tuvo vigencia para la actividad del comercio vacuno durante más de cien años, comprendía el titánico recorrido Guasdualito-Selva de San Camilo-La Concordia, alcanzado su auge entre las dos últimas décadas del siglo XIX y las cinco primeras del siglo XX, lapso de tiempo que coincidió con el desate de guerras internas y la conformación estructural del país a cargo del nacido en la hacienda La Mulera, general Juan Vicente Gómez, presidente de la república en tres periodos. Para desarrollar el tema, es importante mencionar que en tiempos prehispánicos los primeros pobladores étnicos: betoyes, jirajaras, achaguas y guahibos, conocían con total precisión las embrolladas e inhóspitas rutas para comunicarse con las tribus cercanas de la serranía, ya con la llegada del primer welsar Felipe Von Hutten en el siglo XIV se adelantarían las expediciones que permitirían abrir las sendas del nuevo territorio, entre los expedicionarios además de los teutones estaría el cauto indio jirara Antonio Calaimi, venido de las entrañas de Tame (Col) quien recorrería junto a los betoyes por más de cincuenta años las geografías del Táchira y Apure, incluyendo Guasdualito, constancia de este hecho se guarda en la Biblioteca de la Academia Nacional de la Historia, con la signa de Joseph Casasani, bajo el rotulo de Historia de la Provincia de La Compañía de Jesús del Nuevo Reino de Granada.

Dos siglos después de fundada en 1561 por Juan de Maldonado, San Cristóbal (Tac) era un fructuoso collado óptimo para la agricultura, pero deficiente en la producción carnìcola, igual característica se presentaba para el resto de las economías municipales del estado, esta tendencia se mantendría hasta mediados del siglo XIX, cuando por iniciativa gubernamental se promueve por recuas y en un pesaroso recorrido la traída del ganado vacuno llanero, mayormente de las haciendas y hatos alto apureños, para ser comercializado en el occidente y principales plazas de aquella embrionaria Venezuela. Llegaría el siglo XX con muchas expectativas. Con la nueva centena se inicia el proceso de transición económica, lo que implicaba el salto de la hacienda agrícola al patrimonio mineral, teniendo en la explotación petrolera su principal dinamismo, y es para 1914 con el descubrimiento de los yacimientos de Mene Grande por la Caribbean Petroleum Company cuando oficialmente se inicia la explotación del oro negro en suelo patrio.

Mientras lo anterior ocurría en el occidente venezolano, al suroeste del estado Apure, el Guasdualito de las tres primeras décadas del siglo veinte (XX) era considerado a pesar de las constantes asonadas antigomecistas un sosegado villorrio de aspecto totalmente agreste y silvestre, en donde cuatro (04) calles de tierra, aproximadamente cien (100) casas (la mayoría de bahareque) con techo de palma real, caminos de recuas como arterias de conexión y el recalar de los steams boats o barcos de vapor configuraban la cotidianidad del enclave ribereño. Aunado a estos componentes, la concentración de italianos emprendedores en actividades comerciales, agrícolas y en servicios terciarios daba un importante impulso a la incipiente economía particular de la época, proyectando a la población fronteriza como un territorio pujante a pesar de las calamidades. En este contexto, la explotación ganadera era la actividad económica predominante debido a la eficiente explotación extensiva puesta en práctica a través del sistema de grandes hatos. Conocido es que durante mucho tiempo el Alto Apure fue considerado -basado en estadísticas fehacientes- como la zona más rica del estado apureño;

Bajo el cielo alto apureño La Odisea de los arrieros era escrita no por Homero, si no por muchos aedos vernáculos, verdaderos prohombres que desafiaban al miedo y al peligro y, que escribieron su teogonía en la Titanomaquia Selva de San Camilo, legendaria espesura cuya extensión real comprendía desde el estrecho occidental del estado Apure, contiguada con Barinas, Táchira y Arauca (Colombia), a su vez constituida por el macizo selvático de Caparo, Cutufí y Arauca, extendiéndose por más de un millón de hectáreas a lo largo y ancho de su delimitación geográfica, lo que permitió el desarrollo de un pródigo y exuberante paraíso natural, desaparecido criminalmente por la acción irracional del ser humano.

LA TRAVESIA GANADERA.-

/

Cuando al hombre alto apureño,
su valor le era probado
por La Manga a Boca e Monte,
por San Luis y Caracaro,
por El Caimán y San Pedro,
el Manguito muy nombrado,
luego estaba San Camilo,
peligros por todos lados.

¡Viva La Virgen! Esta era el grito consolador de los hábiles canoeros encargados de guiar el cruce de ganado por El Paso de La Manga del Río, una especie de versión criolla del bizantino Nobiscum Deus (Dios con nosotros) de aquellos proverbiales hombres, a lo que respondía la compañía: ¡Y a notros también! al no resultar extraviado ningún ser humano o res en el peligroso cruce por el afluente Sarare, el mismo alarido era repetido por los caporales, nalgas peladas y cagones una vez salidos de la espesa Selva de San Camilo, verdadera devoradora de hombre y reses, que por muchas décadas fue cruzada de punta a punta cobrando su correspondiente y alta factura. La difícil y constante tarea se iniciaba con el arreo a caballo del ganado bovino proveniente de los hatos alto apureños y de otras jurisdicciones por un grupo de hombres cuya probidad y sagacidad no daba cabida a dudas de ningún tipo. Grandes rebaños provenientes de grandes feudos como: Mata de Totumo (propiedad de Pancha Vásquez), Las Angosturas, Temblador, Hato Nuevo, Campo Alegre, La Trinidad de Arauca, El Cedral, El Frío, Los Caracaros, La Gallardera, La Cañada Avileña, La Victoria, San Pedro, El Caimán, El Palito, Santa Elena, La Venganza, Tabacare, El Socorro, Cardonal, La Yeguera, Caracaral, por solo mencionar algunos, eran traídos a los potreros colindantes de Dolores Sayago y de Clariso Farías, para luego enrumbarlos con duras implicaciones hasta La Concordia en la villa de San Cristóbal, en una distancia aproximada de 300 kilómetros. Entre los canoeros que merecieron respeto por su pericia en el cruzamiento fluvial se tienen que mencionar a: Macario Suarez (mentado Bala Perdía, un prototipo de Lorenzo Barquero), El Renco Claudio Roa, Pedro Solís,

Ramón Torres, Pedro Daza, Prospero Núñez, el indio Agüero, entre otros argonautas criollos que con chaparro mano espantaban a los caimanes y evitaban las riesgosas atracciones rotatorias de los remolinos dararinos.

//

Esperando en la otra orilla
aguardaban los arrieros
Santos Blancos era el primero
por enrumbarse en la trilla,
baquiano de muchas millas
fue don Isacc Ontiveros,
un auténtico llanero
don Casimiro Delgado
fiel arreador de ganado,
una raza de hombres fieros.

Una vez cumplido el cruce, al otro lado en el paradero aguardaban los Nalgas Peladas, bautizados así por ser los encargados del arreo a caballo del ganado, eran estos jinetes unos indiscutibles centauros capaces de permanecer sobre los lomos de sus monturas días enteros acompañados de sus raciones de carne seca, queso y panela; estos expertos y hábiles montadores eran distribuidos en funciones por un cabrestero, siendo este un hombre de confianza del dueño del ganado y responsable principal para que el rebaño arribara a su destino con una mínima perdida de cantidad y peso. Entre los míticos arrieros de a caballo se tienen que mencionar por obligatoriedad y respeto a: el catire Jesús María Escobar, el renco Alejo López, Luisito Moreno, Santos Blanco, Cipriano Cavanerio, Isaac Ontiveros, Bonifacio Ereù, Cornelio Sayago, Luis Madrid, Clariso Farías, Jesús Lara, Santiago Volcán, Domingo González, Ernesto Hurtado, Miguel Macías y muchísimos más que igualmente merecen membresía y dogma por sus valentías y sagacidades, ya que no solo enfrentaron los peligros y acechanzas naturales, sino igualmente con machete y revolver en mano no dudaban de soltar el plomo y el hierro a los salteadores de los caminos que valiéndose de un sinfín de artimañas buscaban perderlos en la montaña abriendo nuevos caminos en trochas cenagosas. El trayecto del arreo de los Nalgas Peladas era: desde el paradero al otro lado del Sarare hasta El Manguito, sitio localizado en los que se conoció como Boca de Monte, en una trayecto aproximado de 90 kilómetros.

LA ENTRADA A LA SELVA DE SAN CAMILO.-

Escribiría Pedro Padilla Hurtado en la conmemoración del centenario de su padre Francisco Padilla Zapata: "Al ingresar a la selva la ruta semejaba una especie de túnel formado por el tupio follaje de frondosos y seculares árboles, que en muchos trechos ni siquiera permitía el paso de los rayos solares, con un piso lleno de socavones y lodo que hacia el transito dificultoso en extremo e imposible para el arreo a caballo, por estas razón la manada era recibida por hombres de a pie…" (Fin de cita)

Esas líneas describen en parte lo intricado y riesgoso de la nueva comprometida asignada a los célebres arrieros de a pie bautizados popularmente como cagones, mentados así por sus constantes disenterías causadas por el régimen de alimentación basados en carnes semi crudas y lácteos ácidos. Otro autor de obligatoria mención es el doctor y ganadero Fernando Calzadilla Valdés, quien en su texto: Por Los Llanos de Apure, describe por experiencia propia lo que implicaba adentrarse en la montaña de San Camilo, en un lenguaje de poética leve el galeno señala: "La Selva de San Camilo asombra por su majestuosidad y enmarañada exuberancia. ¡Cuánta riqueza y que prodigalidad de follaje! La mirada absorta apenas si alcanza penetrar distancias al través de la sombría espesura… (pag.82). Este intelectual y hombre del llano apureño recopilaría en su vandemecun su recorrido por los caminos ganaderos, en el documento con exactitud y veracidad narra lo observado y vivido por èl y sus acompañantes en la dura travesìa.

Casimiro Delgado hombre que cumplía funciones de canoero, hombre de a caballo y de a pie, dejaría para la posteridad su testimonio sobre la épica odisea, en una de las travesías contaría a Calzadilla Valdés anécdotas particulares que el médico escritor plasmaría en su obra, una de ellas sería la pérdida del guate Francisco García Camacho, mandadero de Pancha Vásquez (la doña Bárbara apureña) a comerciar unas reses a Guasdualito, jugándole un mal lance a la doña, yéndose a San Camilo con una considerable cantidad de novillos cimarrones, la dueña consultaría con su socio del más allá, luego besaría su medallón y le exclamaría al comprador de ganado Jorge Villamizar, representante de la Casa Blohm: ese no llega muy lejos- lo que en efecto ocurrió, a los pocos días perecería de forma accidental García Camacho al caer a un precipicio rocoso con el ganado plagiado. Volviendo al itinerario, la faena de los llamados cagones comprendía un trayecto de 130 kilómetros desde Boca de Monte hasta La Morita en la población de El Piñal, por allí desfilaron con sus tucos y lazos hombres valientes sin temor a las fieras ni asaltantes como: Ismael Roa, el propio Casimiro, Alberto Griman, Boanerges Navas, Daniel Peñaloza, Pedro Solís, Jesús Heredia, Víctor Hernández, Daniel Quintana, Manuel y Pedro Emelier, Antonio Márquez (Perra Chuta) quien en un extraño percance en la selva quedaría cojo de un pierna, Jesús Coro, por solo resumir al grupo de temerarios que desafiaron toda clase de ventura. El total de travesías por la montaña eran treinta y dos, siendo la última jornada desde Puente Teteo (La Esmeralda) hasta La Concordia, en un distancia estimada de noventa y cinco kilómetros, ya en La Concordia el ganado era entregado a los compradores y transados en morocotas de oro puro. Para finalizar, se debe resaltar que estas travesías épicas tan dignas de ser escitas por un Homero, permitieron abrir los horizontes viales interconexos y la fundación de poblados como El Nula, El Cantón y Guacas, así como el consiguiente poblamiento urbano, quedando en la actualidad solo recuerdos en los escenarios mentales de quienes vivieron y observaron en una época única y feraz lo que fueron y dejaron ser el camino ganadero y la Selva de San Camilo.

EL COLEO

Toros coleados por la calle Sucre, años 50. Al fondo La Plaza Bolívar. Cortesía Armida Gutiérrez

Abren la puerta del coso
y los coleadores aprestos,
Ramón Ceballos que es diestro
seguro que saldrá airoso.
Vicente Crespo un coloso
en lomos de un rucio moro,
peleando la cola del toro
se empecha Samuel Quintero
Porfirio y Fedor Agüero,
todos coleadores de oro.

En referencia al coleo en Guasdualito es difícil precisar con exactitud sus inicios, pero teniendo en cuenta los antecedentes de esta práctica en el vasto llano venezolano, no es errado afirmar que siendo una población fundada con fines ganaderos la práctica del coleo en esta población venga desde los mismos tiempos coloniales. Una vez establecidos los primeros hatos ganaderos la ganadería en el pintoresco poblado se desarrollaría con gran auge. En referencia a lo afirmado, Botello, O. (1998: 39) en su publicación Guasdualito navegación por su historia, señala:

"La misma relación del gobernador Fernando Miyares Pérez da cuenta de la presencia de 9 hatos y 8 trapiches de cañas de azúcar; en los hatos se contaron 15.502 cabezas de ganado vacuno, 2.561 de ganado caballar y 65 mular para un total de 18.128 cabezas de ganado". (Sic). (Fin de cita).

Lo anterior citado refleja el inicio exitoso de la incipiente ganadería desde los años fundacionales, y con la actividad: la práctica de tumbar reses y morlacos se mantendría generacionalmente. Ya en las primicias del siglo XX la destreza del coleo en la población e Guasdualito se convertiría en un entretenimiento popular, consolidándose a mediados del lapso en referencia con la participación de coleadores y toreadores en mangas que se improvisaban por la Vieja Calle Real (hoy avenida Miranda) y años después teniendo como manga alterna la calle Sucre. La afluencia del público y la participación de curiosos daban un colorido y alborozo único a los toros coleados añejos, aun recordados por muchos guasdualiteños que tuvieron la oportunidad de vivir y presenciar una época única que se fue suprimiendo a medida que la parafernalia de un supuesto progreso aniquilaba los vestigios del Guasdualito bucólico.

Para las festividades de Nuestra Señora del Monte Carmelo referida comúnmente como Virgen del Carmen, realizada tradicionalmente el 16 de julio, algunos hacendados y dueños de hatos cedían sus toros para que sirvieran de atractivos en el espectáculo llanero. Ganaderos como Daniel García, Alfonso Grieco, Serapio Medina, Julián Urbina, Francisco Padilla, Lorenzo y Jesús Zapata, Evaristo y Juan Sánchez, Elías Hurtado, Pedro Arias, Pedro Guedez, Manuel Rondón, Luis Carvallo, Tom Heredia, Manuel Orozco, por mencionar algunos, fueron consecuentes con esta festividad que adquirió mucho auge, pues en ella participaba todo el pueblo acompañado por conjuntos musicales, premiados los sobresalientes tumbadores con monedas que arrojaban desde las puertas de las casas los más acaudalados y con las flores y cintas entregadas por hermosas muchachas ubicadas en el balcón ferial circunstancial. Sin duda alguna un notorio y colorido espectáculo popular.

Entre los coleadores de todos los tiempos que se recuerdan, cuya agilidad y destreza para tumbar los toros eran compensadas con los vítores y aplausos de los asistentes deben mencionarse por obligatoriedad y tributo a: Mercedes Ramón Ceballos, de contextura delgada moldeada con las faenas del llano, en un cebruno frontino muy difícil que no tumbara un cacho y muela; Samuel Quintero, otro coleador de coleada segura; Vicente Crespo, considerado por conocedores de la materia como el mejor coleador local, un espectáculo en las mangas particulares y foráneas, cuyo retiro fue debido a una lesión de su muñeca derecha en plena coleada, lamentablemente recién fallecido; Domingo González, campeón binacional de coleo; Ramón Porfirio Ceballos; Fedor Agüero; Omar Yánez; Pedro Alberto Aguilera; Ismael Roa Ramírez (corraleño), además de buen coleador un audaz toreador, muy notorio cuando brincaba la talanquera y empezaba a trastear el toro con su manta llanera, realizando unas faenas llamativas. En esa constelación elitista se incluyen a: Manuel Centella, Juan Arecio Guzmán, Luis Zapata, Tocoto y Carlitos Padilla, Tomas Guillen, Luciano Ramírez, El Sute Tapia. Espectáculo aparte era el caballo Medallita que don Cipriano Cabanerios en la manga hacia bailar; Boanerge Navas, de hercúlea fuerza; Iván Zapata; El Popular Pelón; El Negro Cheo Echenique, difícil con una coleada nula; Rodrigo Centella el poeta coleador, quien llegò a laurearse un sub-campeonato nacional, dedicado luego a la canción llanera. Como recordado amarrador de La Manga Bravos de Apure la referencia a citar es Leobardo Jiménez (a) Pata e' Tarea. Entre los animadores se recuerdan a El Guate Presente, Martin Garabato, Charles Guillen (ojo e´ garza capitán de manga) y Leandro Duran (se vino, se vino el toro) y otros.

Hoy día a pesar de las dificultades el coleo en Guasdualito mantiene vigencia, diversas asociaciones y empresarios como los hermanos Rangel (Ranzan), José "Bola" Contreras, se han encargado de que la llama del deporte nacional no se extinga en el olvido ante la indiferencia cultural que lentamente degrada nuestro gentilicio e idiosincrasia. Lo comentado en los párrafos nteriores es parte de nuestra identidad socio-cultural, parte de nuestra historia contemporánea la que día a día se escribe con diferentes grafías y tintes, y en la cual cada uno de nosotros somos los escribientes.

NUESTROS BARBEROS

Aristóbulo Ruíz "Bolo" y Chucho Gómez (+) barberos de Guasdualito.

En honor a la memoria
de todos los buenos barberos,
escribo de los pioneros
esos que hicieron historia.
Sellaron su trayectoria
con máquinas y tijeras
con espejos y talqueras,
laborando día a día,
contando en sus barberías
anécdotas balsameras.

BREVE INTROITO.-

Acaeció: que se desnudó la penumbra ante el día, o el día en un arranque de celos desgarró el himen del oscuro velo, para revelar la desnudez de un pasado lejano y cercano, retrospectivo que se asoma como el rey astro en las alboradas evocativas, cuyas refulgencias irradian efemérides hibleas en las escenografías mentales de quienes vieron y vivieron cronologías magnánimas que desprenden brillantes cuitas. Y seguiremos escribiendo sobre esas épocas y sus protagonistas, transportado en el carruaje de Cronos hasta que el Creador de La Vida lo permita.

ALGO DE HISTORIA:

Por barbero se entiende al practicante del oficio de esquilar, cortar y acondicionar el cabello, y por barbería: su lugar de trabajo. Una expedita revisión textual nos presenta antecedentes de más de treinta mil años. Ya desde la aparición del hombre sabio (homo sapiens) solo unos pocos eran los encargados de cortar el cabello, y con el suceder de los lapsos, meramente personas de valoración estimada eran los cometidos de cortar cabello y arreglar la vellosidad facial masculina. Como el padre de la barbería se conoce al egipcio Meryma'at, quien fue el primer barbero conocido en la historia, su tarea era afeitar a los sacerdotes de Amón (dios de la creación) cada tres jornadas. En Roma (hija de Italio) para el año 269 a.C, Ticinius Mena era el precursor de la barbería y el representante del oficio en ese tiempo. Siglos más tarde, en la Europa gótica se generó una profesión que unía la medicina con la barbería: el barbero-cirujano, quien realizaba extracciones dentales, blanqueamientos, cirugías, enemas, amputaciones, drenaje de forúnculos, limpieza de oídos y muchas otras labores médicas. En el segundo viaje del genovés Colón a Las Indias en 1493, entre los 1500 acompañantes, a bordo de la nao Mariagalante llegaría el primer barbero al continente de nombre Antón de Escalante, originario de San Sebastián, vecino de Fuenterravia, además experto maestre.

PIONEROS.-

Como precursor del oficio en Guasdualito se tiene a Francesco Roncagliolo, venido a la ardiente tierra llanera en 1925 junto a su hermano Doménico, con vínculos en Verona, provincia al nordeste de Italia. En un odiseico viaje llegarían este par de hermanos itálicos a la tierra de más allá de más lejos que más nunca, en referencia alegórica a lo dificultoso y apesadumbrado de poner pie en el Guasdualito de las dos primeras décadas del siglo pasado. Francesco llegaría animado por su juventud y deseo bienandante de dedicarse a la actividad comercial minoritaria, sin embargo, teniendo conocimientos de sastre y barbero optaría por dedicarse a esta ultimo oficio al no haber en el poblado quien se encargara del corte de cabello, instalaría su sala de barbería por la polvorienta Calle Real frente a la añeja casa de los Panza, el recinto sería muy concurrido por sus coetáneos, allí nacería la idea de organizar el Circulo Garibaldi, una especie de núcleo o confraternidad de expatriados que se organizarían para dialogar los temas patrios, además de jugar las partidas de dominó. Para la época la moda se inclinaba por cabello corto y largos mostachos, luego un bigote muy fino y encima del labio superior, para 1926 se pondría de moda la cara completamente afeitada y el peinado chato, y en ese mismo año llegaría Joaquín Golindano, un casanareño que establecería su barbería por la misma corredera, en la antigua casa de la estirpe Braidi. Se implantaría una sana competencia pero cada fígaro con clientela fija, los italianos y pudientes asistían puntualmente donde Roncagliolo, mientras que los criollos preferían a Golindano, quizás por el idioma y la copita de brandi que ofrecía a su concurrencia, provenido de los alambiques holandeses, llegados a Guasdualito vía barcos de chapaletas. En 1950 el neogranadino Francisco de Paula Vivas iniciaría las atenciones en una novedosa barbería antes de llegar al cruce de la Barra Vieja, al lado del recordado sastre Martínez y a pocos metros de la logia masónica, desplazaría en preferencia a los anteriores por imitar a la perfección los cortes de los charros mexicanos, puestos muy de moda en el pueblito por la llegada de los primeros aparatos cinematográficos traídos por los hermanos Carpios, como gancho ofrecía la novedad de atender a domicilio, siendo don Valeriano Moreno uno de sus solicitantes más frecuentes. Estos barberos precursores llegarían a ser muy estimados por la comunidad, sus sitios de trabajos además de centros de cortes y alineo de barbas se catequizaron por ser focos de encuentro y cháchara, en donde la sana avenencia y el respeto marcaron pauta.

BARBEROS CONTEMPORANEOS

Transcurrirían algunos años y arriba la melindrosa e hiblea década del 50, años de los barberos familiares, y entre ese grupo don Francisco Padilla, persona de cualidades excepcionales. En su inventario personal poseía una maquina número cero con la cual se aplicaba en el oficio en las cabezas de sus hijos y nietos; en temporada vacacional al llegar su prole a La Estación formaba dos filas, una de varones y la otra de hembras, el corte era único: raspado completo, allí no había lugar para protestas ni reclamos, únicamente correspondía el guardar silencio ante la tortuosa jalada del moño por los dientes de la mecánica afeitadora, lo más parecido a un rustico alicate manual. En los años 60 unos muy lozanos Chucho y Víctor Gómez, hijos del barbero Francisco Vivas tomarían las riendas de la sala, inicialmente funcionarían frente a la plaza Bolívar, pasados unos años quedaría Chucho al frente del servicio, marcharía a Caracas una temporada, regresaría y establecería su última peluquería por la avenida Miranda; es innumerable la cantidad de niños, jóvenes y adultos a los que este práctico afeitador paso su máquina eléctrica y el cruce de tijeras, de impecable vestir y en extremo conversador se ganaría la preferencia de muchos a la hora del corte de la pelambre, en el recinto el conocido Julio Cárdenas, dueño del Bar Plaza, le juraría al joven Numa: "mira hijo en mi tiempo no firmábamos contratos o convenios era suficiente arrancar un bigote de uno y colocarlo en un cuaderno para reafirmar la palabra de hombre, así que váyase tranquilo, si di mi palabra de hombre así será", esto en referencia a la promesa hecha al tío de Gatriff para otorgarle en alquiler el local donde funcionaria el Almacén El Baratillo. Una anécdota particular sobre Gómez de quien esto escribe es la siguiente: faltando unos días para mi ida de Guasdualito visité su barbería ubicada frente a la alcaldía municipal antes de la intersección con la añeja arteria Barra Vieja, la entrada al local sería como a las 9am, y la salida aproximadamente como a las 2pm, la razón: un agotador parlamento sobre el pueblo de antaño, él contestador y yo preguntador. Sería la única oportunidad en visitar a este buen guasdualiteño, bien recuerdo que casi al marcharme profirió estas palabras: no me debes nada, me pagas cuando vuelvas, años después volví al terruño enterándome a los días siguientes de su desaparición física, y hace dos jornadas por inquietud me detuve frente a su barbería encontrándome con una bella joven que resultó ser su hija, heredera de su legado y destreza. Siéntase orgullosa de su padre, fueron mis palabras de despedida.

En 1970 llegaría del vecindario El Chinquero: el joven Aristóbulo Ruiz, moteado con el diminutivo "Bolo", este peculiar hombre poseedor de una sencillez extrema y aplicación en el corte, se enraizaría en Guasdualito, de genuino conversar y trato, aún se mantiene activo en el oficio, su barbería ubicada por el populo Barrio y Táchira es el punto de confluencia y encuentro de guasdualiteños de varias generaciones, quienes le guardan buena estima y sincero aprecio, allí está el viejo Bolo en su Barbería La Buena, esperando a sus amistades para el corte y las jácaras. Mención necesaria en la reseña merece don Pedro Fernández, a quien conocimos por ser vecinos de nuestra casa materna, su local estaría ubicado por muchos años en el anverso de la plaza, al lado del cine de Carranza, quizás sea el único y primer barbero con labores en Guasdualito en contar con un título de acreditamiento como barbero profesional, en varias ocasiones contratamos su servicio, oteando nuestros ojos el distintivoso pergamino. Otros barberos que marcaron sus antes y después fueron y son: el araucano Víctor Borjas, de una excelencia probada en el arte, al igual que su hijo Oswaldo Bracho, a la postre cantante de música llanera y de fina pluma, ido de este plano por una enfermedad terminal, la barbería funcionaria por la calle Cedeño al lado de la farmacia Páez; don Ramón Borjas, hermano de Víctor y ejecutor del violín como su hermano, tenía su barbería por la calle Bolívar al lado de la Fontanera al frente de la iglesia Salem. Don Miguel Macías, que combinaba su actividad de barbero con el negocio de alquiler de bicicletas en su local ubicado en la parte posterior al cuartel, frente al antiguo campo deportivo (hoy parque Teotiste de Gallegos), donde hoy se ubica el terminal de autobuses. Y no hay que olvidar a un barbero nativo de San Rafael de Atamaica, Pablo Guarate, ubicada su barbería por la avenida Miranda, en la casona de los Carpio, donde una vez funcionó la botica de Tomás, después se mudó a Los Corrales donde tenía su casa. En el orden, José Andrés Moreno, Jesús Martínez (discípulo de don Pedro Fernández), el Gordo Carlos, todos ellos dedicados con disciplina, esfuerzo, constancia y dedicación al digno oficio de la barbería, escampándose al recuerdo otros cortadores que han dejado huella en esta estimable profesión.

AQUELLOS TEMPLETES

Final de la avenida Miranda, en los años 80. Cortesía: Argenis Rangel.

Con el calificativo o designes de templetes se conoció a las fiestas públicas nocturnas celebradas en las calles de Guasdualito que tuvieron su auge entre la séptima y octava década del siglo pasado. De estas celebraciones populares provenientes del vecino del país y arraigadas por mucho tiempo en el suroccidente nacional también se hace necesario hacer mención en forma general, ya que resultan un elemento cultural de nuestra sustentada contemporaneidad guasdualiteña. En ese orden, es con la llegada del manto asfáltico a Guasdualito en 1966 cuando empiezan a celebrarse estos espectáculos al aire libre, sin embargo, fueron los templetes de los años 70 y 80 realizados frente a las sedes de los partidos AD y Copey, así como los que se efectuaban en los barrios Las Carpas y Los Corrales los que hicieron historia, aquellos sonados festejos eran amenizados por prestigiosas minitecas locales y foráneas, siendo las pioneras: Barrabas, del profesor Alirio Lamuño; Power Music del desparecido Tattoo Moncada; Imaginación, Infierno, Silver Discotek, por mencionar algunas, todas ellas lograron marcar pautas en la preferencia de aquellas generaciones de jóvenes guasdualiteños.

Finalizando la década del 70 y arribando la del 80 la emisión de los alto parlantes colocados en las capotas de camionetas anunciaban: "el partido del pueblo (...) hace una cordial invitación para un gran templete bailable a realizarse frente a la casa partidista ubicada al final de la calle Miranda, a partir de las siete de la noche, a mover el esqueleto amigos y amigas, los esperamos. Aquel convite público caía de maravilla a una ávida juventud deseosa de disfrutar en grande horas de buena música y baile, sin importar el desgate de las suelas de los zapatos al roce con la capa asfáltica; aquellos galanes con sus respectivos afros tipo Jackson Five moldeados por trinchetes y tenedores, con sus pantalones tipo campana y vistosas camisas a lo John Travolta, rociados con medio frasco de Pino Silvestre o fragancia Atkinson, esperaban con ansia el inicio de la rumba para demostrar sus cualidades dancísticas y galantear a las hermosas jóvenes que asistían en grupo, previo permiso de sus padres, siempre respaldadas por un buen escolta que venía a ser un buen amigo del barrio, el recordado Pichincha sería uno de los predilectos para el acompañamiento de las féminas, quien osara faltar el respeto a una de ellas tendría que vérsela y aguantar las patadas voladoras del popular Heriberto.

Bajo el cielo nocturno guasdualiteño sonaron en las consolas los grandes éxitos de la época, al máximo se bailaron las canciones de Nelson Enrique (Eres muy bonita, pero mentirosa) las de Pastor López, La Dimensión Latina, Los Triunfadores de Bartolo, El Grupo B, Swing Melody, Billos Caracas Boys y Los Melódicos. En el ardor del templete afloraban las sanas rivalidades de las muchachadas del pueblo, en este aspecto, al venir en cambote los rumberos corraleños o de otros barrios del contorno y viceversa, muy seguro era que al sonar el Alma Llanera vinieran las peleas a puño limpio, allí no habían contiendas a cuchillos, ni menos a plomo acerado como ahora, mayormente lo resultante de estas riñas eran moretones de ojos, reventones de fosas nasales y boca, luego vendrían los cuentos y pormenores bajo la frondosidad de un mango, en deguste de un exquisito sancocho con la negrita (polar) incluida. Los imberbes de aquella época (inicio de los 80) tambien nos alegrábamos por la celebración de los famosos templetes, llegado el nuevo día nos íbamos temprano con nuestras bolsas a colmarlas de chapas (tapones de botellas) las cuales posteriormente servirían como pelotas en el juego de chapitas, igualmente coleccionábamos aquellos envoltorios de cigarros Belmont, Astor, Consul, Líder, Marlboro, Lucki Strike y Fortuna, en nuestras honradas mentes creábamos un papel moneda para nuestros juegos de choque de piedras y barajas, éramos inmensamente ricos sin serlos. Pasaban los años, avanzábamos en nuestras vidas, y oíamos eventualmente: "la décima primera promoción de bachilleres en ciencia del liceo Fernando Calzadilla Valdés invita a la comunidad general a un espectacular templete en beneficio de nuestra promoción... Siguieron los abriles, emigramos del pueblo y también los templetes emigraron, nosotros volvimos pero los templetes no, quedaron para el recuerdo.

LA CALLE REAL

TOROS COLEADOS POR LA CALLE REAL DE GUASDUALITO EN LOS AÑOS 1950 EN LAS FIESTAS EN HONOR A LA PATRONA DEL CARMEN

BREVE INTROITO.-

Cada una de nuestras calles guarda bajos sus retoques de alquitrán huellas generacionales, así como efemérides, sucesos y diversos fragmentos históricos, elementos que con los transcursos de las épocas han ido conformado en parte el espíritu y la esencia de nuestra identidad guasdualiteña. Siendo así, resulta necesario indagar sobre esos componentes como forma de entender las particularidades que nos identifican como un gentilicio único y complexo. En ese sentido, se presenta en los párrafos siguientes una breve historicidad de nuestra principal e histórica corredera, nos referimos a la Calle Real.

HISTORICIDAD.-

Es con la llegada del barines José Ignacio del Pumar, Marques de Boconò y Masparro, y Vizconde del Pumar, a Guasdualito, a mediados de 1770, que se inicia la refundación del poblado, trayendo el noble criollo lo necesario, incluyendo linajes puros para dar cumplimiento a la orden de la Intendencia del Ejercito y Real Hacienda, de allanar y pacificar un territorio desértico, inhóspito e inhabitable, habitado por indios bárbaros. Don José Ignacio cumpliría de forma eficiente lo cometido por la superioridad real, en su visión colonizadora demarcaría el primigenio asentamiento, organizando la ubicación de la plaza e iglesia, y dotando de solares y provisiones a sus acompañantes en la arriesgada encomienda. Entre las normativas del proceso fundacional estaría la designación de una Calle Real, expresada en la Real Orden del 01 de noviembre de 1751, en ella se establecía para los pueblos del nuevo continente un cordel principal en honor al rey, a partir del cual surgirían las demás calles, es decir, esta arteria seria la médula principal del pueblo y el puntal de expansión. Y efectivamente esto ocurriría, en el umbral del siglo XX esta real vial seria la escogida por algunos inmigrantes italianos y comerciantes criollos para el establecimiento de sus expenderías, los cuales se mantendrían en actividad comercial hasta inicios de la sexta década del siglo caducado.

En continuidad con lo histórico, la más añeja de las calles de Guasdualito tiene sus épicas, como la del general Valentín Pérez, apodado "El Espaletao", quien proveniente de México y llegado nuevamente a Venezuela, seguiría en su gesta, cayendo mortalmente herido de bala en la batalla de Guasdualito de 1913, referente a esto José León Tapia (+) en Tiempos de Arévalo Cedeño, en conversaciones con el viejo capitán Hilariòn Larrarte La Palma, le testificaría: "Eso fue un tiro de mauselin, repetía como explicación el general Valentín Pérez, cuando alguien miraba con extrañeza su porte con un hombro más caído que el otro, de donde le colgaba la carabina treinta- treinta que nunca le faltaba. Esa tarde (Batalla de Guasdualito de 1913) estaba eufórico, aperado con montura pico de plata y cabezada de lujo, al cinto la gran pistola de cachas labradas, y en la mano izquierda una varita de chaparro larga y flexible que reafirmaba sus gestos, al levantar la voz, diciendo: vamos pa´lante, para La Calle Real, y como si fueran uno solo obedecieron sus soldados para desparramarse en silencio por el sendero de polvo y casas encaladas, pávidos de susto sus habitantes. Adelante Valentín Pérez, varita en mano señalando el camino, hasta ponerse a tiro de fusil…Iba ciego es la verdad, por eso los balazos le parecían pájaros de vuelos fugaces, y los gritos desgarrados de los heridos vítores de triunfo como los escuchado en Torreón (Mex). Levanto la varita y fue como si llamase la bala, porque un plomo candente le partió el corazón. Cayo de bruces en la tierra…y solo tuvo tiempo para gritar: ¡Viva La Patria! Un soldado que iba a su lado, se detuvo, lo miro y exclamó: ¡Carajo nos mataron el alma de la revolución!

En el contexto anterior, otro personaje que expiraría por la carrera a pocos metros de la iglesia seria el boticario Silverio Agüero, en la batalla de 1921. El día de la refriega tropas revolucionarias comandadas por el doctor Roberto Vargas (a) "El Tuerto" (comandante en jefe), secundado por Fermín Toro (jefe de estado mayor), general Emilio Arévalo Cedeño (jefe de la primera división), general Pedro Pérez Delgado (jefe del batallón Aramendi) entre otros homéricos intentarían sin éxito tomar la plaza del poblado, la cual estaba defendida por 270 hombres bien apertrechados en el Cuartel Militar (hoy Casa de Gobierno) comandados los mismos por los oficiales gomecistas: general Benicio Giménez, coronel Antonio Pulgar y coronel Jesús Antonio Ramírez. Treinta y seis horas de plomo limpio con los Winchesters 30-30, y el continuo relampagueo de los machetes Collins, fueron más que suficiente para inundar las cuatro calles de tierra del pastoril y apacible pueblo con la hemoglobina humana, un légamo rojo bautizaría con espanto el nacimiento del día más tenebroso y mortal de nuestro pueblo, muertos de uno y otro lado, cuerpos sin cabezas y mutilados, paredes de barro agujereadas por el plomo darían cuenta de lo sucedido, una escena de horror sacada del mismo infierno, con muchos costos impagables como fue la pérdida del boticario Agüero, muerto por un certero plomazo al cruzar la Calle Real, cuando se dirigía a prestar los primeros auxilios al doctor Ricardo Arria Ruiz, caería el herbolario entre las casas de Francesco Guarino y la del coronel Natalio Matute, para luego ser velado por su compadre Francisco Padilla en el corredor frontal de La Estación.

Desde el periplo fundacional hasta finales de la cuarta década del siglo pasado se mantendría la designación. Sería para 1949 por iniciativa del concejal Vicente Guevara que se toma en cuenta el cognomento de Avenida Miranda, en tributo al prócer nacido el 28 de marzo de 1750, y del que para 1950 se cumpliría el bicentenario de su natalicio.

La propuesta seria aprobada por unanimidad por el resto de los ediles, sin embargo, por los continuos años y aun con la nomenclatura urbana de 1962 se continuaría conociendo como la Calle Real. Para las festividades de la señora del Monte Carmelo era fiel la tradición de efectuar en la corredera los toros coleados, en símil no distante con las localidades españolas, en donde por la Provisión de la Real Cancillería de 1525 se estipulaba la costumbre del correr de toros. Pasarían algunos abriles, vendría un rápido crecimiento del pueblo, y la necesidad de expansión, se extendería la Avenida Miranda de norte a sur, agregándosele el tramo del terraplén de El Gamero y el empalme conocido como el terraplén de los chiguires. Calle Real y Avenida Miranda, diferentes designaciones en un solo pueblo con muchas historias por inquirir.

NUESTROS CARNAVALES

Reina del carnaval de la calle Vázquez acompañada de su cochorte.

Ven musa, no medites
sueños de olvido,
sueña conmigo
en las noches que viven
siglos otoñales. Ven por mí,
ayúdame a escribirle a
mi pueblo sus evocaciones
inmemoriales,
como inmemoriales son
aquellos viejos carnavales.

PREFACIO.-

Carnaval, vocablo venido del latín "Carnevale", cuyo significado viene a ser despedida de la carne en los sucesivos cuarenta (cuaresma) días antes de la pascua, celebración pagana en honor a Carna, primogénita de Heleno, deidad de las plantas y el lardo. Lo anterior es lo etimológico, incluido como preámbulo a la rememoración de las celebraciones carnestolendas contemporáneas en Guasdualito, colorida tradición heredada de la influencia romana y celtíbera, cuya esencia sin despedida emigró con los años de nuestro pueblo al reino de las repatriaciones imposibles, quedando únicamente la alternativa de convertirnos en argonautas de mina y papel, navegando sobre los mares del tiempo, tripulando con pericia natural el Argo de los años buenos, para así traer los vellocinos de oros de tiempos que ya son recuerdos, efemérides que resurgen con ímpetu para dar vida a otras vidas, cumpliéndose con fidelidad con lo expresado en el aforismo popular: "porque recordar es vivir"; agregando a la máxima: porque recordar es volver a donde nunca nos fuimos, porque partiendo del pueblo de uno el pueblo se va con uno y regresa con nosotros mismos.

ANTECEDENTE HISTORICO.-

Para referirse a estos festejos populares en nuestro terruño es necesario una retrospectiva que tome en cuenta los aspectos más resaltantes, siendo estos: las épocas, personajes y anécdotas que estructuran lo fundamental de la cultura carnavalesca. En este sentido, como antecedente histórico en nuestro pueblo tenemos: llevada a cabo la fundación del primer Guasdualito (Pueblo Viejo) en 1771 por parte de José Ignacio del Pumar y Traspuesto, Marqués de la Rivera de Bocono y Masparro, Vizconde del Pumar, la celebración permitida en los cánones coloniales consistía en juegos de agua, polvos y otras extractas, además de bailes errabundos en los que hombres y mujeres compartían gestos considerados amorales. Llegado el siglo XVIII el Obispo de Caracas, Diez Madroñero, trataría de convertir en vano el carnaval en tres días de rezos, rosarios y procesiones, orden que sería instruida pero poco obedecida en los nuevos pueblos de la Capitanía General de Venezuela. La normativa no llegaría ni en pergamino ni ejecútese al pueblo naciente en el suroccidente de la provincia de Barinas, bautizado originalmente como Nuestra Señora del Carmen de Guasdualito.

LOS CARNAVALES CONTEMPORANEOS.-

Es a partir de la quinta década (1950) del siglo XX cuando con testimonios auténticos y fuentes fidedignas se puede proceder a una sinopsis sobre los carnavales de nuestro pueblo. Con el inicio del decenio referido en el enclave pueblerino los carnavales inician con auge gracias a personajes nunca olvidados como: Francisco "Toco Toco" Padilla, quien junto a su comitiva integrada entre otros por el doctor Ayala, caraqueño llegado a Guasdualito en cumplimento de la carrera hipocrática, salían en un Jeep Willys de la Overland Motor AMC, llevando en la retaguardia un par de tambores de agua y costales de estiércol, que arrojaban sin miramientos a quienes se atrevían a circular durante los días feriados, así como a quienes osaban asomarse por los ventanales de aquellas casas de bahareque y techos de palmas. Años más tarde Toco Toco de espíritu alegre y siempre jovial, sería diagnosticado por su entrañable amigo galeno de cáncer linfático, estando a la espera de una cirugía exploratoria en el pabellón del Centro Medico San Bernardino.

Otro personaje obligado para la reseña es Jesús "El Catire" Escobar, nacido en la ciudad de San Fernando de Apure el 12 de diciembre de 1911, y fallecido en un trágico accidente de tránsito en la vía que conduce a El Amparo, el 16 de septiembre de 1969. La venida de Escobar a Guasdualito tiene su historia exigua, siendo un jovencito decide unirse a las llamadas montoneras, que no eran más que agrupaciones de hombres harapientos y mal armados que marchaban en pila por los pueblos fronterizos, se va con ellos, y al mando de la tropa el general guariqueño Emilio Arévalo Cedeño. A la caída del dictador andino Juan Vicente Gómez se viene por Arauca y de ahí pasa a Guasdualito, donde se pone a la orden del general Yépez, quien era prefecto, por sus méritos es nombrado comandante de la policía. Pasan las décadas y, junto a los bien recordados: Alejo López (policía escolar), Elías Ruiz (trovador, guitarrista y relojero) entre otros guasdualiteños, organizan las celebraciones del carnaval en Guasdualito. Con previa autorización del jefe civil se iniciaban las celebraciones con acompañamientos de comparsas de disfraces diseñados por las hábiles manos de amas de casas y expertas modistas populares. A tempranas horas del primer día carnavalesco Escobar y su grupo iniciaban en jolgorio y bochinche sano el recorrido por las calles del pueblo, lo seguido eran las paradas frente a las casas para anunciar en alta voz: ¡abran la puerta que llego el agua! Los renuentes a lo demandado por los jugadores de carnaval debían atenerse a las consecuencias, muchas fueron las puertas derribadas por aquellos mojadores que con totuma en mano y decididos ingresaban a cumplir el cometido de empapar con el vital líquido a hombres y mujeres, ya pasado los días de celebración el mismo catire Escobar recorría de nuevo las polvorientas calles acompañado de algún carpintero para el arreglo de los portones principales. Varias anécdotas se confiesan en las sanas tertulias, como aquellos carnavales con la llamada y temida bandera negra, quienes participan en ella debían a estar dispuestos a fajarse a las manos contra aquellos que se ofendían por el hecho de ser empapados, otra anécdota refiere que en la cercanía del carnaval muchas mujeres enfuertaban su orín en vasijas sin uso, para en los días de la celebración en defensa echárselo a los mojadores

Durante las décadas 60, 70, 80 y 90 los carnavales tuvieron continuidad inmemorable, cada sector y barrio del pueblo le impregnaba su propio colorido e importancia, en torno a esto es merecido recordar los esplendidos y célebres carnavales de la calle Vázquez, organizados por la catira Elubia Escobar, con quien en día reciente compartimos un criollo desayuno en su acogedora morada, para luego retroceder en el tiempo y rememorar con lucidez y nostalgia aquellas celebraciones del Rey Momo. Elubia en compañía de su grupo organizador planificaba cada festividad de forma impecable, en las que participaban gente buena del pueblo y sus invitados. Cercado el acceso a la calle con mecatillos, se procedía a la elección de la reina del carnaval, hermosas adolescentes fueron coronadas con vítores y aplausos por los concurrentes, dando paso a la presentación de agrupaciones musicales y artistas conocidos, así como a los concursos de baile, siempre con el infaltable Heriberto Méndez (mejor conocido como Pichincha) luciendo para la ocasión sus mejores disfraces y trajes, muchos de ellos confeccionados por la misma Elubia. En el año 2000 se llevaría a cabo el último carnaval por esta importante e histórica corredera, pero en las instalaciones de la Cervecería El Caney, propiedad del poeta Jesús María Escobar.

Dentro de ese orden de ideas, en otros barrios los jolgorios de febrero también tuvieron su realce, recordados fueron los carnavales del Barrio El Gamero organizados por la extrovertida y animada Carolina Venegas y sus colaboradoras. En otros sectores como el centro del pueblo, Los Corrales, Las Carpas y La Cabaña, la celebración carnal era un acontecimiento esperado con alegría y regocijo, incluso se llevaban a cabo sanos desafíos con agua, pinturas, huevos de gallinas, y sustancias no toxicas. En las noches de los llamados y conmemorados templetes febrerinos se hizo común entre los echadores de broma el rociarse disimuladamente unos a otros la colonia Tabù, siendo esta penetrante fragancia de desagradable aroma, lo más parecido a las emanaciones de animales silvestres, echo que concluía con el arreglo a puño limpio luego de sonar el Alma Llanera, melodía que indicaba la finalización de la jornada de baile y el inicio de la hora de los golpes y moretones bajo la Luna guasdualiteña. A partir del nuevo siglo (XX) los carnavales ya no fueron los mismos, sin embargo, cultores y personas con identidad conservan empeño en que la tradición no desparezca por completo.

JESUS HERIBERTO MENDEZ
"PICHINCHA"

Yo tengo una burra briosa y andadora (bis)
que no se fatiga a ninguna hora (bis)
Coro:
¡Burra!
y a ninguna hora,
burra...

Fue Pichincha un excéntrico y apreciado ser humano nacido en Guasdualito el 19 de junio de 1941, en la casa de su tía Juana López por la calle Cedeño, siendo sus padres Vicente Alfonzo y Josefina Méndez, y sus hermanos Juan Bautista, Ciro Abelardo y Fanny Consuelo. Puede asegurarse que en su transitar terrenal supo granjearse el aprecio de muchos, siendo factor determinante en la celebración de aquellos famosos fandangos carnavalescos. Pichincha, como comúnmente fue conocido, se hizo tan notorio en nuestro pueblo que no sería exagerado afirmar que eran pocos los guasdualiteños locales y adoptivos que no lo identificasen, ya que en la cotidianidad de aquellos años era habitual observarlo en su recordada bicicleta La Violetera por las calles de alquitrán, deteniéndose en cada esquina en cordial y ameno saludo a sus tantos amigos y amigas. Nunca supimos el porqué del apodo hasta que en días recientes su hermano Ciro nos informara al respecto, siendo su aseveración: "según mi madre, una vez mi primo Alfonso López estaba estudiando en voz alta su lección de historia, y repetía mucho la palabra Pichincha, curiosamente Heriberto pregunto en varias ocasiones ¿Quién era Pichincha? Y la respuesta de su incomodado consanguíneo directo fue: Pues Pichincha eres tú… y Pichincha se quedó.

Siendo un imberbe quedaría grabado en nuestro receptáculo mental las fastuosas celebraciones del carnaval frente a su casa, donde lo más esperado era el show folklórico de La Burriquita de Ocumare, trasladada por Heriberto con canción, armazón y vestimenta a las llanuras de Periquera, contando con el apoyo de la siempre reina Elubia Escobar. Algunas fuentes señalan que este maestro de la danza perteneció al elenco rítmico de la bailarina del pueblo venezolano Yolanda Moreno y sus Danzas Venezuela, lo que pudo ser totalmente cierto, ya que su conocimiento cultural universal fue reconocido por conocedores y críticos del arte métrico.

Volviendo a lo anecdotario, en el último día del carnaval por la calle Vázquez los organizadores decretaban la bandera negra, luego el recorrido de los celebrantes comprendía las principales calles, teniendo cita o punto de encuentro el frontis de la vivienda color oro de Pichincha ubicada por la avenida El Marqués del Pumar, allí todos atentos al oír el inicio de la canción La Burriquita del grupo Un Solo Pueblo, la algarabía popular circundaba al artista aupando su disciplinada coreografía. Otro aspecto personal por destacar del reseñado era su innata habilidad para la pelea, lo que lo hizo ser respetado en todos los templetes y fiestas públicas; en la época de películas karatecas Pichincha sería el Bruce Lee local, célebre su combate con el fornido peón de sabana bautizado como Pata e` Tarea, un hercúleo trabajador de llano que desafiaría sin suerte al espigado Heriberto, a patada limpia lo rendiría en los predios de un conocido centro nocturno de nuestro pueblo, igualmente recordado su triunfo en una competencia de un maratón de baile de 72 horas efectuado en el Club de Leones. A su memoria su hermano Ciro escribiría unas sentidas estrofas de las cuales se extraen unas líneas:

¿Porque Señor?
cuantas veces hincado te implore,
te suplique.
Ante ti llore.
Yo quería que él viviera
y no quisiste,
te pedí que no muriera
y no me oíste…

Indudablemente que muchos recuerdos dejó este personaje en quienes lo conocieron, un ser humano como todos, con defectos pero también con muchas virtudes, en otra definición: un peculiar y estimado guasdualiteño en un tiempo de oro, en los tiempos de aquellos carnavales dorados

COLEGIO SANTA ROSA DE LIMA PATRIMONIO ARQUITECTONICO Y EDUCATIVO DEL MUNICIPIO PÀEZ

Este imponente e importante paraninfo construido por la ingeniosa y experta capacidad del portugués Fernando Da`Costa y sus asistentes, también tiene su distintiva historia, tan merecedora de reseña y divulgación para conocimiento de las actuales y venideras fecundaciones de guasdualiteños. Como antecedente, es con la llegada a finales de 1923 de un grupo de religiosas dominicas (Moniales Ordinis Predcatorum) pertenecientes a la orden fundada por el presbítero ibérico Domingo de Guzmán, a suelo patrio, cuando se planifica un ambicioso proyecto educativo a nivel nacional, el mismo se iniciaría en una modesta residencia situada en las transversales de Camejo y Colón, parroquia Santa Rosalía, en la ciudad capital de Caracas, contando con solo dieciocho (18) alumnas, quienes inician jornadas el 7 de enero de 1924. Esta acción daría pie para que la rectoría de la congregación se propusiera en corto tiempo expandir su horizonte, y es así como en las décadas siguientes en buena parte del territorio del pais existían núcleos educativos y moralistas con el cognomento de Santa Rosa de Lima, en honor a la primera canónica del continente sureño: Isabel Flores de Oliva (n.20-04-1856; f.24-08-1617) mejor conocida como Santa Rosa de Lima, excelsa patrona del Virreinato del Perú, del mundo y Las Filipinas.

En el contexto local, para 1961 sor Consolación Pérez (directora) religiosa nacida en la Villa de Todos Los Santos de Calabozo (Gua) movida por su mística cristiana, contando con el apoyo del padre Heraclio Aragón inicia la Escuela Parroquial en una rustica infraestructura ubicada a un costado de la Iglesia Nuestra Señora del Carmen por la avenida Miranda, la acompañaron en la fundación: sor Antonia Barrera, sor Adela Campos, sor María Bellido, entre otras abadesas de la orden, sumándose a la labor el padre Antonio Fernández (seminarista). El norte de la institución se adaptaría a los tiempos y escenarios, aceptando en el arranque de jornadas exclusivamente hembras para el dogma trívium a impartir. Por gratitud se tiene que mencionar a las maestras: Lucrecia Tovar (1er grado), Hortensia Martínez (2do grado), Ana de Merchán (3er grado), Irma Braidi (4to grado), Graciela Carrillo ((5to y 6to grado), dignas preceptoras que contribuyeron con empeño a la formación de varias generaciones de guasdualiteños íntegros y fructíferos.

Desde su comienzo pasarían nueve lustros, y es en 1970 cuando se da inicio al relleno de lo que sería la nueva sede por la calle circundante al caño Corocito, señalada en la nomenclatura como Avenida El Marques del Pumar, en honra a la memoria de nuestro padre histórico. Sor María Bellido pondría gran empeño en la tarea superando obstáculos y vicisitudes, con el respaldo del ingeniero Jesús Mena director del Ministerio de Obras Publica sección Táchira, en 1970 el maestro lusitano Da` Costa culmina satisfactoriamente el primer edificio con el anexo del Teatro San Martin, iniciándose un mes más tarde las enseñanzas en el centro con una matrícula de cuarenta y siete alumnos.

Para 1973 la dirección del colegio era ejercida por sor Estella Manuit, también oriunda de lares guariqueños, recordada por muchos como una integra y disciplinada decana que supo darle personalidad al instituto. Entre las catedráticas y catedráticos que se recuerdan y que nuestros ojos infantiles observaron están: sor Numidia, sor Dolores, sor Severiana, Blanca Puerta, Marisol y Betty Oropeza, Rosa y Marlene Soto, Petra Godoy, Marcos Padrón, Marvelis Macías, María Ontiveros, Iraida Gonzales, entre otros, sin dejar de mencionar al potenzano Cheraza, icónico bedel itálico quien fungía de jardinero y vigilante, en esa labor estarían los recordados Pantoja y Arquímedes Peña. A dos años de finalizar la década del 80 asume la dirección sor María Fuentes, ejerciendo sus funciones con tesón y capacidad, en su gestión se realizaron importantes ampliaciones que redundaron en un mejor servicio y mayor calidad educativa. Vendrían luego otras encargadas: sor Sabina Graterol, sor Miraldy Acosta, sor Carolina Fuentes, sucesivamente, imponiendo cada una de las dominicas tutelares su sello distintivo pero conservando la esencia evangelizadora y educativa. Esta mañana nuestra ajetreada cotidianidad se detuvo al transitar frente al Santa Rosa de Lima, en el cursamos nuestra enriquecedora primaria en compañía de congeneracionales, fructíferos guasdualiteños dispersados hoy día por la geografía nacional y fuera de ella. Como colofón de la publicación, es este centro pedagógico un orgullo y heredad tangible del municipio que seguirá erigido en el transcurso de nuestra historia local como el principal garante de la enseñanza y el saber de nuestros niños y jóvenes, allí seguirá el Colegio Santa Rosa de Lima en su labor benefactora y formativa, siendo un PATRIMONIO ARQUITECTONICO Y EDUCATIVO DEL MUNICIPIO PÀEZ.

BIBLIOGRAFIA

- Guasdualito navegación por su historia, O.Botello, 1988. Publicaciones del Ateneo Popular de Guasdualito.
- Guasdualito en Intervalos, Aljer Ereù. 2020
- Identidad del Guasdualiteño, Miguel y Manuel Padilla, 2006.

MIX
Papier aus verantwortungsvollen Quellen
Paper from responsible sources
FSC® C105338

Printed by Books on Demand GmbH, Norderstedt / Germany